名著思维导读

第2辑

主　　编：牛胜玉
本册主编：牛　鹏　左照勇　陈香莹

凤凰出版社
·南京·

栏目介绍

思维导图

思维导图呈现名著的行文思路、主体内容，直观清楚，帮助学生快速掌握名著的主体框架。

1 红星照耀中国★

思维导图

关于中国共产党
关于中国红军
未获解答的问题
红星在西北
开创西北苏区
死亡和捐税
刘志丹经历

名著导读

从作品名片、作者简介、创作背景、阅读方法等角度对名著进行解读，初步了解名著，帮助理解名著内容。

名著导读

1 作品名片

书名	《昆虫记》	作者	法布尔	作者国籍	法国
别名	《昆虫世界》《昆虫物语》	成书时间	1907年全书首次出版		

名著详解

按章节详细呈现名著内容，并用“★”标注重点情节，帮助学生充分、快速了解名著核心知识。

名著详解

内容解读

注：标★的为重点情节

第一章　探寻红色中国

探寻真相 → 前往西安 → 见到邓发 → 进入红区

一些未获解答的问题

埃德加·斯诺在中国的七年间，关于中国

阅读分析

◆ 阅读感悟：为了探寻未知的真相，解开“红色中国”之谜，斯诺不顾自身安危，孤身一人突破重重关卡

阅读鉴赏

通过“人物形象”“主题归纳”“艺术特色”三个模块解读名著，帮助理解作品。

阅读鉴赏

昆虫形象

主要昆虫	昆虫特征
蝉	蝉的幼虫要在地下生活四年，它们靠吸食植物的根储存水分，利用尿液挖洞和自我防卫。蝉的幼虫从地下到地上需要十几天，出洞后寻找细树枝蜕去外壳，变成真正的蝉。

专题探究

依据教材“专题探究”内容，呈现探究示例，与教材同步，紧跟名著阅读与考查趋势。

专题探究

专题一　领袖人物和红军将领的革命之路

1. 外貌形象与言谈举止　2. 出身与家庭　3. 童年的经历
4. 受教育情况　5. 参加革命的起因　6. 参加革命后的经历

积累感悟

精选精彩句段，多角度进行赏析；展示读后感悟，加深对作品的印象。二维码呈现更多精彩句段与读后感。

积累感悟

积累感悟

精彩句段

※ 最小的，为了靠近清泉，便从蝉的肚腹下钻过去，宽厚仁慈的蝉便抬起爪子，让这些不速之客自由通过。个头儿大的急得直跺脚，挤上前去，飞快地嘬上

目　录

》特别提示：标★的名著是必读篇目，其余均为自主阅读篇目，同样不可偏废。

为什么要深入阅读名著

名著是经过长期积淀，充满着浓厚的文学意味和人文气息，蕴藉着跨越历史时空的审美性和情感性的文学作品。阅读名著，不但能够**帮助我们提高阅读能力、思维能力和写作能力**，而且能够**获得对自然、社会、人生的有益启示**，从而提高自身素养。

近年来，名著阅读的形式不断创新，出现了专题探究、情境化阅读、多部名著勾连等许多新的形式，对我们的阅读方法和阅读能力提出了新的要求。因此，我们迫切需要**探索个性化的阅读方法，建构阅读整本书的经验**，以达到感受经典名著的艺术魅力、丰富自己的精神世界的目的。这就要求我们必须更加深入细致地阅读名著。

怎样深入阅读名著

1 了解作家生平和作品的写作背景

阅读名著前，**先了解作家的生平和作品的写作背景**，有助于我们理解作品内容、把握人物性格、理解作品的思想主题和意义，同时还能够帮助我们认识作品与时代和社会的关系，进而在更广阔的层面上理解作品的内涵和意义。

2 感知作品内容，把握故事情节

感知作品内容，首先要了解作品的情节。阅读作品时，**通过注意故事的发生、发展、高潮、结局等特殊节点，来梳理故事的情节脉络**。也可以巧妙地**借助工具书理清作品情节**，粗知大概，才能在后续的精读中进一步理解作品的主题。

3 分析人物性格，理解人物形象

名著中对人物的描写往往非常细致，**如从人物的肖像、行动、语言、心理、矛盾冲突等不同层次进行多个方面的描写**。阅读作品时，需要通过分析名著中对人物的描写，理解作品中的人物形象，这样才能更好地理解名著的思想内涵。

4 理解作品的思想主题和意义

名著的主题往往需要挖掘才能发现。有些作品的主题是立体的、多层次的，更需要读者**结合自己的生活体验去理解**。因此，阅读名著不仅要理解内容本身，还要能理解作者的思想感情并产生独特的感受，形成自己的观点和认识，这样才能**从阅读名著的过程中获得养料，提升自己的语文素养**。

1 红星照耀中国★

思维导图

- 红星照耀中国
  - 探寻红色中国
    - 未获解答的问题
      - 关于中国共产党
      - 关于中国红军
    - 前往西安
      - 拜访杨虎城
      - 拜访邵力子
    - 汉代青铜
      - 关于张学良
      - 见到邓发
    - 通过红色大门
  - 去红都的道路
    - 被民团跟踪
    - 造反者
      - 周恩来
        - 态度温和
        - 革命经历
    - 贺龙二三事
      - 口才好
      - 急躁但谦虚
      - 感召力强
    - 红军旅伴
  - 在保安
    - 对毛泽东的印象
      - 有幽默感
      - 天生精明
      - 才能出众
    - 共产党的基本政策
    - 对抗日战争的看法
  - 一个共产党员的由来
    - 毛泽东的经历
      - 童年时期
      - 在长沙
      - 国民革命时期
      - 红军的成长
  - 长征
    - 第五次反“围剿”失利
    - 举国大迁移
    - 大渡河英雄
    - 过大草地
  - 红星在西北
    - 开创西北苏区
      - 刘志丹经历
    - 死亡和捐税
    - 苏维埃社会
  - 去前线的路上
    - 同红色农民的谈话
    - 苏区工业
    - 苏区工人
  - 同红军在一起
    - 红军
      - 年轻、乐观、廉洁
    - 彭德怀
      - 健康爱笑
      - 童年及革命经历
    - 游击战术
    - “列宁室”与政治课
  - 同红军在一起（续）
    - 徐海东
      - 阶级意识强
      - 生于窑工家庭
    - 四大马
      - 勾结日本反共
  - 战争与和平
    - 红军爱惜战马
    - “红小鬼”
      - 耐心、勤劳、聪明
    - 实践中的统一战线
    - 朱德
      - 沉默谦虚
      - 无私无畏
      - 爱护部下
  - 回到保安
    - 在保安的生活
    - 李德对中国共产党的影响
    - 离开红色中国
  - 又是白色世界
    - 西安事变
    - 建立中华民族统一战线
    - 中国革命终将取得胜利

名著导读

1 作品名片

书名	《红星照耀中国》	作者	埃德加·斯诺	作者国籍	美国
体裁	纪实文学	别名	《西行漫记》	成书时间	1937年10月
主要人物	毛泽东、周恩来、朱德、贺龙、徐海东等。				
主要内容	①对中国共产党和红军主要领导人的采访;②中国共产党的抗日政策,红军的军事策略;③关于红军长征的介绍;④作者的整个采访经历和感受等。				
价值及意义	《红星照耀中国》客观地向全世界报道了中国共产党和中国红军的真实情况,深入分析和探究了"红色中国"产生、发展的原因。				

2 作者简介

埃德加·斯诺(1905—1972),美国新闻记者、作家。1936年6月至10月,斯诺访问西北苏区,成为第一个采访红色苏维埃地区的西方记者,并写下了大量通讯报道。其主要著作有《红星照耀中国》《远东前线》等。

3 创作背景

1927年4月12日,国民党右派发动反革命政变,大肆迫害屠杀共产党员和革命群众。与此同时,与中国共产党、红军有关的消息也被严密封锁,苏区和红军的存在成了一个难解的谜。为了解开这些谜,1936年,斯诺冒着生命危险,深入陕甘宁革命根据地,切实了解中国共产党人的生活经历和革命精神。后来,他根据采访和考察得来的第一手资料,写成了《红星照耀中国》(当时为了在国民党统治区出版方便,曾易名为《西行漫记》)。

4 阅读方法

纪实作品的阅读

纪实作品,是记录人与事真实情况的作品,其基本特点是用事实说话。这类作品,或是记录历史,或是叙写现实,其内容必须是真实的。阅读这类作品,需清楚地把握作品所写的事实。

利用序言和目录获得整体印象

通过阅读序言,浏览目录,跳读正文,我们可以发现,作品是按照"探寻红色中国"的时间顺序来记录见闻的。

&

梳理事件因果,辨别作者的态度

作者经常会在叙述中穿插分析和评论,我们要学会辨别作者的立场、观点和态度,这其中会体现出作者的倾向性。

&

获得启迪,用来指导学习与生活

既要从作品中汲取精神营养,又要学习作者的敬业精神和探求真相的可贵勇气,还要善于联系当今社会实际进行分析和思考。

名著详解

内容解读

注：标★的为重点情节

第一篇　探寻红色中国

探寻真相 → 前往西安 → 见到邓发 → 进入红区

一些未获解答的问题

埃德加·斯诺在中国的七年间，关于中国红军、苏维埃和共产主义运动，人们提出过很多问题，这些问题一直得不到令人满意的答案。红军一直遭到铜墙铁壁一样严密的新闻封锁而与世隔绝，敌军所组成的一道活动长城时刻包围着他们。为了解开这些谜团，斯诺决定采访“红色中国”。

★去西安的慢车

1936年6月的一天，斯诺从北京出发，登上了一列去西安的火车。斯诺出发前注射了传染病的疫苗。在去西安的慢车上，斯诺与老人和青年探讨红军的相关话题。到达西安后，斯诺先后拜访了陕西省绥靖公署主任杨虎城和陕西省主席邵力子。其中，杨虎城拒绝和斯诺讨论政治问题；邵力子虽然谈了自己对日本的看法，却不允许斯诺发表。

汉 代 青 铜

北京的一个红军指挥员用隐色墨水为斯诺写了一封给毛泽东的介绍信。除了这封介绍信以外，斯诺在西北要取得联系，需等一个自称姓王的先生来访，他会设法安排斯诺去红区。在西安城外的汉朝古城遗址，斯诺见到了敌人悬赏五万元取其首级的共产党人邓发。通过与邓发的交谈，斯诺联想到共产党员战士是伟大的汉族后代，他们身上传承着一种精神和力量。

通过红色大门

斯诺到了“白军”前线后，进入了无人地带，最后顺利到达延

阅读分析

◆ **阅读感悟：**为了深寻未知的真相，解开“红色中国”之谜，斯诺不顾自身安危，孤身一人突破重重关卡，进入红区。既暗示了当时中国革命形势的严峻，又体现了斯诺高尚的职业道德。

中考模拟

1936年，斯诺从________出发前往______，准备进入“红色中国”。

参考答案：北京　西安

去西安的慢车

在去西安的慢车上，斯诺与老人和青年探讨红军的相关话题，从谈话中得知两人对红军的态度截然不同。

安附近的一个村落,正式进入了红色大门。在那里,斯诺见到了该地的贫农会(注:原著为“贫民会”)主席刘龙火,刘龙火热情款待了他,给他找了一个年轻的向导和一个骡夫带他前往安塞,并给了他一元苏区的纸币以便使用。

第二篇　去红都的道路

路遇白匪 → 接触周恩来 → 贺龙事迹 → 与红军同行

遭白匪追逐

斯诺当天并没有到达安塞,到太阳下山的时候,他才走到一个坐落在河湾上的小村庄。带领他的那位向导因为有事要离开,不得不把斯诺安顿在小村庄里,交给当地贫农会分会主席照料。第二天,分会主席告诉斯诺附近有土匪,让他赶紧到安塞去。为了躲避白匪,斯诺在破晓时提前出发,路上遇见了第一个红军战士——一位在政治保卫局工作的姓姚的青年。姚带领斯诺到了安塞。在见到安塞赤卫队队长后,斯诺才知道原来自己被一群白匪跟踪了。这时,突然出现了一个清瘦的、长着一脸黑色大胡子的青年军官,他用英语跟斯诺打招呼,斯诺马上知道他就是“鼎鼎大名的”红军指挥员、教会学校的高材生——周恩来。

★造　反　者

周恩来给了斯诺自由活动的诚意,并替他安排了一个为期九十二天的采访旅程。

周恩来个子清瘦,中等身材,骨骼小而结实,胡子又长又黑,眼睛富于热情。

斯诺回顾了周恩来的革命历程:毕业于南开中学、在五四运动中成为学生领袖、在巴黎帮助组织中国共产党、回国后发动国民革命、成为黄埔军校的政治部主任、组织上海工人罢工、组织广州公社以及经历九死一生到达陕北的红色新根据地。背弃古代中国的基本哲学,中庸和面子哲学;无可比拟的吃苦耐劳的能力;无私地忠于一种思想和从不承认失败的不屈不挠精神。这些特点让斯诺认为周恩来一定是个狂热分子。

然而,在与周恩来的接触中,斯诺渐渐发觉,周恩来是一位头脑冷静、态度温和,善于分析推理,讲究实际经验的人,与国民党宣传的“无知土匪”“强盗”形成奇特的对照。

人物简介

- **刘龙火**:延安附近一个村落的贫农会主席,沉着冷静、警觉谨慎、热情好客、慷慨大方。

中考模拟

周恩来毕业于________中学,后来到________国留学,并且创立了共产党支部,回国后曾在黄埔军校担任____________。

参考答案:南开　法　政治部主任

知识拓展

黄埔军校

黄埔军校是中国近代著名的一所军事学校,培养了许多著名的军事指挥官。军校创立的目的是为国民革命训练军官。

★贺龙二三事

在前往保安的路上，斯诺听红军指挥员李长林介绍了贺龙的革命经历。贺龙当时在哥老会中的名声遍及全中国。贺龙在1927年“八一”南昌起义后才参加中国共产党，他曾效忠于汪精卫的武汉国民党政府，但是在唐生智、何键等人开始残酷的“农民大屠杀”后，他毅然投向共产党。传说贺龙用一把菜刀在湖南建立了苏区，他还带领红二方面军长征过雪山，由于他的个人感召力和在中国农村的影响，他率众约两万人到达西藏东部，与朱德会师。

红军旅伴

在陕北，斯诺了解到与他同行的年轻红军“老狗”和“老表”等人投身革命的经历和缘由，对他们团结友爱、严守纪律、乐观积极的精神风貌感到钦佩。这些年轻红军几乎全都遭遇过人生的悲剧，但是他们始终保持着革命乐观主义精神。

第三篇　在保安

采访毛泽东 → 参观红军大学 → 观看红军剧社演出

★苏维埃掌权人物

斯诺到达保安，终于见到了毛泽东。在斯诺看来，毛泽东是一个非常精明的知识分子，是一个颇有天才的军事和政治战略家。他有着中国农民质朴纯真的性格，颇有幽默感，天生精明。他还博览群书，对哲学和历史有着深入的研究；有演讲和写作的才能，记忆力异乎常人；专心致志的能力不同寻常，个人习惯和外表落拓不羁，但是对工作却一丝不苟。他精力过人，常常工作到深夜两三点钟才休息。他还是一个感情相当深邃的人。

共产党的基本政策

毛泽东指出，当前中国共产党的基本政策是对外实行反帝政策、对内实行土地革命，实现中国民族独立和民主政治。此外，毛泽东还回答了斯诺关于“苏维埃是否主张取消不平等条约”“中国是否可能与民主的资本主义国家结成反帝的联盟”等问题。毛泽东表示，那些援助中国或者并不反对中国独立和进行解放战争的国家，应该请他们同中国保持密切的友好关系。要抗日成功，中国也必须得到其他国家的援助，但即使没有一个国家帮助中国，中国也决心单独进行下去。

人物简介

- **李长林**：红军指挥员，当过游击队领导人，参加过南昌起义，向斯诺介绍了贺龙的事迹。
- **贺龙**：军事才能出色，口才好，威望高，个人感召力强，以行军神出鬼没著称。
- **何键**：残暴野蛮的军阀，屠杀了很多农民、学生、工人，其中包括毛泽东的妻子杨开慧。

◆ **阅读感悟**：尽管条件艰苦，贺龙的部下却宁可死在路上，也不愿意离开，从中可以感受到贺龙的个人感召力。

◆ **阅读感悟**：在前往红都的路上，斯诺通过与不同类型的共产党人的接触，对他们有了初步的认识，还证实了外界对他们的评价是失实的。这启示我们要想了解事情真相，必须付诸行动去实践、探究。

中考模拟

在《论抗日战争》一节中，毛泽东认为能够消耗和打败日本军队的三个条件是什么？

____

____

参考答案：第一，中国结成抗日民族统一战线；第二，全世界结成反日统一战线；第三，目前在日本帝国主义势力下受苦的被压迫各国人民采取革命行动。

知识拓展

危拱之

危拱之，女，出生于河南，曾参加过冯玉祥的国民军的宣传队，后加入中国共产党，担任人民抗日剧社的社长，通过戏剧向人民进行抗日宣传。

◆ **阅读感悟：**毛泽东从小就富有反抗精神，善于通过斗争为自己争取合法权益。他热爱读书，有质疑精神，善于思考，积极进步，并有了一定的政治觉悟和家国意识。

★论抗日战争

斯诺围绕抗日战争的一系列问题采访了毛泽东。毛泽东认为中国人民能够消耗和打败日本军队的条件有三个：第一，中国结成抗日民族统一战线；第二，全世界结成反日统一战线；第三，目前在日本帝国主义势力下受苦的被压迫各国人民采取革命行动。在这三个条件中，主要条件是中国人民自己的团结。毛泽东非常重视人民的力量，主张组织和领导人民进行运动战，运用游击战术。

悬赏两百万元的首级

斯诺参观了红军大学。校长林彪是一个28岁的指挥员。红军大学自称有一个班的学员全是老战士，平均年龄是27岁，平均每人有8年作战经验，受过3次伤，学员的首级赏格加起来总共超过两百万元。斯诺被邀请作题为“英美对华政策”的讲话，学员提出的许多问题让斯诺难以回答。

红军剧社

斯诺观看了红军剧社的演出。节目形式有短剧、舞蹈、歌唱、哑剧等，中心主题主要是抗日和革命。这些表演并不精致，道具也很简单，但是题材鲜活，演出生气勃勃、风趣幽默，演员和观众打成一片。演出结束后，斯诺访问了人民抗日剧社的社长危拱之女士，听她介绍了一些红军剧社的历史。斯诺认为，在共产主义运动中，没有比红军剧社更有利、更巧妙的武器了，其宣传目标始终是震撼、唤起中国农村中的亿万人民，使他们意识到自己在社会中的责任，唤起他们的人权意识。

第四篇　一个共产党员的由来

毛泽东的童年 → 求学过程 → 革命与成长 → 红军的成长

童　年

毛泽东于1893年出生在湖南省湘潭县韶山冲，家里分成两个“党”：一党是他父亲，是执政党；一党由毛泽东、母亲、弟弟组成，有时连雇工也包括在内，是反对党。在与父亲的矛盾对抗中，毛泽东总结出了斗争经验。13岁，毛泽东离开了学堂，白天劳动，晚上替父亲记账。尽管这样，他还是如饥似渴地阅读能找到的一切书籍(经书除外)。《盛世危言》对其影响深远，也激起了他恢复学业的愿望，后来他得以进入湘乡县的一个非常新式的学堂。

在长沙的日子

毛泽东和斯诺讲述了自己在长沙求学的经历。由于修筑川汉铁路而兴起了反对外国投资的运动，为了表达对皇帝的不满，毛泽东和几位同学剪去了辫子。为了响应革命，毛泽东先后参加了黎元洪的革命军和湘军，退出军队后，他报了几所学校，但最后都因不满意而离开了。他决定每天到湖南省立图书馆去看书自修。后来，毛泽东进入了湖南师范学校读书，在这里，他的政治思想开始形成，他逐渐团结了一批同学在他的周围，成立了新民学会，只谈论国家大事。

★革命的前奏

毕业后，毛泽东到了北京，在老师杨昌济的帮助下，获得北京大学图书馆助理员的工作，并参加了哲学会和新闻学会，对政治的兴趣继续增长，思想也越来越激进。回到长沙后，毛泽东成为《湘江评论》的主笔，通过组织反军阀运动等活动，毛泽东越来越相信，只有经过群众行动取得群众政治权力，才能保证有力的改革的实现。1920年，毛泽东接触到了《共产党宣言》《阶级斗争》《社会主义史》这三本书，从而建立起对马克思主义的信仰。

国民革命时期

1921年，毛泽东到上海出席了中国共产党的成立大会。“五卅惨案”后，毛泽东充分认识到农民中间的阶级斗争的程度，并主张在农民运动中采取新的路线，把农民武装起来，开展反对地主的阶级斗争。这个提议遭到了陈独秀的强烈反对。

苏维埃运动

1927年8月1日，贺龙、叶挺率领的第二十军，同朱德合作，领导了具有历史意义的南昌起义，红军的前身组织起来了。毛泽东被派到长沙去组织后来被称为“秋收起义”的运动，工农军队的第一批部队建立起来了。1928年5月，朱德来到井冈山，同毛泽东的队伍会师，创立了著名的红军第四军。1930年2月，江西南部

在长沙的日子

为了表达对皇帝的不满，几位同学剪去了辫子。

中考模拟

建立起毛泽东对马克思主义的信仰的三本著作是《______》《______》《______》。

参考答案：共产党宣言　阶级斗争　社会主义史

◆ **阅读感悟：**毛泽东注重调查研究，注重理论联系实际，注重革命斗争中农民的力量。他通过中国农村经济的特殊性看到了中国革命的出路。

召开的地方党会议决定建立江西省苏维埃政府。

知识拓展

红军的"三大纪律"

①行动听指挥。

②不拿贫农一点东西。

③打土豪要归公。

红军的成长

毛泽东介绍了红军的"三大纪律"及红军的游击战术。中国工农革命委员会成立，毛泽东当选为主席。第五次反"围剿"过后，红军开始长征，终于在1935年10月到达了陕北，扩大了当时在西北地区的根据地。

第五篇　长征

第五次反"围剿"失利 → 长征 → 强渡大渡河 → 过草地

中考模拟

面对蒋介石的第五次"围剿"，红军在__________举行过军事会议后，决定将主力转移到一个新的根据地去。

参考答案：瑞金

第五次"围剿"

蒋介石在第五次"围剿"中发动了约九十万军队，他对红军实行严密的经济封锁，红军损失惨重。在瑞金举行的军事会议过后，红军决定从江西撤出，并把主力转移到一个新的根据地去，因为进行得极为迅速秘密，在行军好几天后，敌人才发现红军已经撤走。红军撤出江西后，农民赤卫队和游击队仍继续坚持抵抗到底。

★举国大迁移

红军粉碎了国民党的四道防线后，开始直捣四川。为了切断红军的进军路线，蒋介石下令把所有的渡船焚毁，企图阻止红军渡江。红军派出一个营，走到了唯一一个可以摆渡的渡口——皎平渡。不久就在北岸登陆，顺利进入四川境内。与此同时，红军主力部队大举进行了反方向的进军。几天后红军全军进入四川境内，没有损失一兵一卒。

焚毁渡船

蒋介石下令把所有的渡船撤至北岸焚毁，企图阻止红军渡江。

★大渡河英雄

强渡大渡河是长征中关系红军存亡的重大事件之一。在刘伯承的努力下，红军用三天的时间将一个师的人员运到了北岸。眼看渡河越来越困难，毛泽东、朱德等做出了一个决议，让红军战士占领泸定桥。泸定桥是一条铁索桥。当红军到达时，一半木板已经被撬走了，而在北岸的桥头堡，有个敌军的机枪阵地面对着他们，后面是敌军据守的阵地。为了在敌人援军到达之前把桥占领，夺桥突击队员冒着敌人的炮火和枪林弹雨，爬上了桥板，向敌人的碉堡投掷手榴弹，为后面的红军开辟道路。在红军的强有力进攻下，敌军纷纷窜逃，红军顺利渡过了大渡河。

过大草地

红军在渡过大渡河之后，向北翻过几座大山脉，损失惨重。进入川藏边界的大草地后，红军遭遇到了许多困难。在荒无人烟的大草地中，红军找不到食物，许多人失足陷入了沼泽地中。但红军经受住了考验，到达了甘肃边境。红军的长征，是一场战略撤退，而非溃退，因为其核心力量仍然完整无损，其军心士气和政治意志的坚强一如往昔。进军到战略要地西北，是因为共产党预见了这个地区将要对中、日、苏的当前命运起决定性作用。在某种意义上来说，这次大规模的转移是历史上最盛大的武装巡回宣传。

第六篇　红星在西北

开创陕西苏区 → 开创前的情况 → 苏维埃社会的政策 → 教育委员徐特立

★陕西苏区：开创时期

刘志丹出生于陕北保安，后进入广州黄埔军校，结业后成了共产党员和国民党军队的青年军官。1927年南京政变后，他在上海为党做秘密工作，并于1928年回到陕西。第二年他领导了一次农民起义，虽遭血腥镇压，陕西省的第一批游击队核心却由此产生。刘志丹被迫退到保安后，组织军队在陕北迅速展开活动。他在1936年3月领导突击队袭击敌军工事时受了重伤，死去后，他被葬在瓦窑堡，苏区把保安县改名为志丹县来纪念他。斯诺认为，虽然西北这些苏区是围绕着刘志丹这个人物发展壮大的，但更多的是生活条件本身使人民展开了这项惊天动地的运动。

◆ **阅读感悟**：强渡大渡河、飞夺泸定桥不仅展示了中国共产党人坚定勇敢的意志、崇高的奉献精神，还为红一、红二、红四方面军的会合和长征的结束奠定了坚实的基础。

飞夺泸定桥

当红军到达泸定桥时，桥面一半木板已经被撬走了，桥面与河面之间几乎只剩下空铁索。

中考模拟

斯诺在《红星照耀中国》一书中写道："在某种意义上来说，这次大规模的转移是历史上最盛大的武装巡回宣传。"其中"大规模的转移"是指____________；"武装巡回宣传"是指____________。

参考答案：工农红军的二万五千里长征　在国内广大地区播撒了革命的种子

西北大灾荒

西北大灾荒持续了三年，贫苦的灾民得不到救济，生活极度困难。

中考模拟

苏维埃政府对农民有重要意义的四项举措是什么？

____

____

参考答案：①重新分配土地；②取消高利贷；③取消苛捐杂税；④消灭特权阶级。

人物简介

- **林祖涵：**即林伯渠，时任苏区财政人民委员，白发苍苍，神态庄严，有乐观主义精神。
- **徐特立：**毛泽东的老师，时任苏区教育人民委员，年事虽高，但步履矫健，双目炯炯。

死亡和捐税

斯诺在1929年访问过绥远省的几个旱灾区，目睹了那里成千上万人民活活饿死的悲惨景象，而赈灾委员会收集的粮食却因为怕被国民党和军阀扣留而无法抵达灾区。斯诺还指出土地集中在地主官僚手中，农民的捐税也非常繁重。因此，当红星在西北出现时，千千万万的人民欢迎它，把它当作希望和自由的象征。

★苏维埃社会

斯诺分析了共产党在西北受到群众拥护的原因。他介绍了西北苏维埃的种种政策措施——重新分配土地、取消高利贷、取消苛捐杂税、消灭特权阶级，而这也是农民拥护共产主义运动的经济基础。因为红军没有像其他军队那样对农民强加压迫和剥削，所以，农民对红军都非常欢迎。共产党在这里播下了集体劳动这一根本革命化的思想的种子。斯诺认为，合作化运动的大力推广也为将来实现集体化做了初步的教育工作。

货币解剖

据财政人民委员林祖涵介绍，政府的收入主要来源于对剥削阶级的税收和人民的自愿捐献。苏区政府还发明了一种能防止舞弊的预算方法和收支方法。斯诺认为，苏区的真正问题是财政如何勉力维持，对此他很悲观，而共产党却找到了一条出路。

人生五十始！

斯诺采访了教育人民委员徐特立。徐特立是毛泽东在长沙师范的老师，50岁那年，他放弃一所师范学校校长的职位，投身到共产党中来。苏区教育的开展存在不少困难，在紧急状态下，苏区教育制度分三个部分：学校、军队、社会。苏区的教育重点主要放在政治方面。苏区的教育使文盲大幅度减少，提高了人民的文化水平，培养了不同方面的人才，为红军供应干部。为了更快地扫除文盲，共产党开始在有限范围内使用汉语拉丁化拼音。

第七篇　去前线的路上

苏区农民的生活 → 苏区工业情况 → 苏区工人的生活

同红色农民谈话

一位年轻的共产党员胡金魁陪同斯诺前往甘肃边境和前线。他们在一个叫周家的村子里借宿。村子里的人们和斯诺谈了许许多多的问题，比如对美国农业的好奇，红军到来后他们生活的变化等，表现出对红军的支持和拥护。

苏区工业

斯诺访问了陕西苏区的一个"工业中心"——吴起镇，对于在西北苏区看到机器运转，他感到十分惊讶。在斯诺访问期间，苏区工业都是手工业，所有工厂都计划生产足够的商品，供合作社销售，这个"工业计划"的目标是要使"红色中国"在经济上自足。宁夏边境长城上的制盐工业及陕北的油井是苏区非常重要的产业，而吴起镇则是红区工厂工人最"集中"的地方。

"他们唱得太多了"

斯诺在吴起镇待了三天，参观了兵工厂、军服厂。斯诺发现，对于吴起镇的工人们来说，不论他们的生活是多么原始简单，他们都保持着积极乐观的态度，因为他们有自由、尊严和希望。一名叫朱作其的电气工程师，为了实现祖父的遗言，放弃了在上海的高薪工作，而到陕西这些荒山中来，为共产党贡献他的力量。朱作其感叹山区人民花在唱歌上的时间太多。

第八篇　同红军在一起

"真正的"红军 → 彭德怀与"游击战术" → 红军的生活 → 红军的政治课

"真正的"红军

斯诺在吴亮平的劝告下决定到红军作战的前线去，这个决定

知识拓展

吴起镇

吴起镇不仅是红一方面军与陕北红军的会师地点，也是陕西苏区的一个"工业中心"，是红军的主要兵工厂所在地、苏区工厂和工人最"集中"的地方。

吴起镇工人

吴起镇工人过着一种健康的生活，有运动、新鲜的山间空气、自由、尊严、希望。斯诺参加了在吴起镇三个球场之一举行的篮球赛。

中考模拟

________不仅是一个电力专家，同时还是一个很有才能的、严肃认真的共产党员。

参考答案：朱作其

使他得以通过完整的统计数据认识真正的红军。红军大部分是青年农民和工人，他们认为自己是为家庭、土地和国家而战斗，共产党没有高薪的和贪污的官员。实际上，军队给人民造成的唯一负担，是必须供给他们吃穿。斯诺对红军的内在精神、士气斗志、训练方法，尤其是对他们的政治和军事领导，产生了好奇。

★彭德怀印象

彭德怀是行伍出身，1928年7月，彭德怀领导平江起义，成立了湖南的第一个苏维埃政府。两年以后，彭德怀率领红军五军团（注：已合编为红三军团）攻占了湖南省会长沙，最后因受到日、英、美炮舰的轰击，被迫撤出。南方红军长征时，彭德怀是打先锋的一军团（注：实际应为红三军团）司令员，他突破了几万敌军的层层防线，一路攻克战略要冲，为主力部队保证交通，最后胜利进入陕西，在西北苏区根据地找到了栖身之地。斯诺发现彭德怀是一个愉快爱笑、身体健康、率直爽朗的人，同时他还很能吃苦耐劳，活泼且精力旺盛。彭德怀对参加革命的孩子十分关心和爱护。

为什么当红军？

彭德怀出生于湘潭县的一个农村，他从小因为强烈的反抗意识遭到家人的斥责，9岁就被迫离开家，闯荡社会。后参加国民革命并从事谍报活动。到长沙以后被叛徒出卖遭到逮捕，但他毫不屈服，后被释放。彭德怀读了《共产党宣言》等书籍，开始怀着“社会是可以改造的”这一新信念而工作。1928年7月，彭德怀举行起义，占领了平江，开始了他的红军生涯。

游击战术

斯诺采访了彭德怀，了解了红军采用游击战术的主要原因、成功的基本条件等问题。彭德怀认为游击战要成功，需要这些基本条件：无畏、迅速、计划周密、机动、保密、行动神出鬼没和坚决果断。他强调游击战能取得革命的胜利最重要的一点在于红军是人民的军队，它之所以壮大是因为人民的帮助。

人物简介

- **吴亮平：**一位年轻的苏维埃干部，在斯诺对毛泽东进行正式访问时担任译员。

知识拓展

平江起义

平江起义是1928年国民党军湖南省独立第五师一部在中国共产党的领导下，于湖南省平江县举行的武装起义，是湖南农民运动的中心运动之一，主要领导人是彭德怀和滕代远。

少年彭德怀

在斯诺眼中，彭德怀有强烈的反抗意识，他坚强不屈、热爱学习、关心时局。

知识拓展

《共产党宣言》

《共产党宣言》是马克思和恩格斯为共产主义者同盟起草的纲领，是国际共产主义运动第一个纲领性文献，阐述了阶级矛盾对人类历史的影响。

红军战士的生活

斯诺认为,中国经过多年内战,已经对现代技术和战术有了一定经验,不久就会建立一支强有力的军队,一改外国对中国士兵的印象。中国农民占红军的大部分,他们坚忍卓绝,任劳任怨,是无法打败的。斯诺深入了解到红军战士的住宿条件虽简陋,屋子却被收拾得清洁整齐,他们的饮食很简单、作息有规律。斯诺还参观了苏区的红军文化生活中心“列宁室”,通过列宁室的布置,斯诺对红军有组织的生活有了更多的了解。

政 治 课

斯诺想了解红军战士的革命信仰,他找到了红军政治部的刘晓,希望去参加红军的政治课。刘晓是斯诺在红军中遇到的思想最一本正经、工作最刻苦努力的青年之一。政治课题目是“抗日运动的发展”,主讲人讲完后,战士们纷纷站起来痛斥日本,慷慨激昂地发言。斯诺认为政治课的效果很大,所讲的内容在战士的头脑中形成了简单而强烈的信念,极大地凝聚了士气。

第九篇 同红军在一起(续)

红色窑工徐海东 → 中国的阶级斗争 → “四大马”

★红色窑工徐海东

斯诺到彭德怀的司令部去时,见到了徐海东,并受邀访问他的红军十五军团。徐海东热情、真诚,对自己无产阶级的出身很自豪,斯诺认为徐海东是他所遇到的共产党领袖中“阶级意识”最强的一个人,除了他曾经在湖北的一个窑场做过工,外界对他了解很少。徐海东出身于窑工家庭,在学堂时,徐海东经常被地主家的孩子欺负,先生却总是帮地主家的孩子,他从此相信,穷人的孩子是得不到公平的。后来徐海东就到窑厂去当学徒,参加了反对克扣工资的罢工。1927年,徐海东在一些学生的宣传影响下成为共产党员,并在黄陂开始建立党支部。同年4月,他把窑厂工人组织了起来,再加上一些当地农民,成立了湖北省的第一支“工农军队”。

中国的阶级战争

斯诺向徐海东和他的部下提出关于他们的个人历史和军队

知识拓展

列宁室

红军的列宁室是一切社会和文化生活的中心。红军战士在这里进行军事、政治学习,同时还开展积极健康的娱乐活动。

人物简介

- **刘晓:**工作刻苦努力,聪明,态度极其温和谦恭、彬彬有礼,对共产主义的感情非常纯粹。

中考模拟

中国共产党的军事领导人中,恐怕没有人能比________更加神秘的。除了他曾经在湖北做过窑工,外界对他了解很少。

参考答案:徐海东

窑工徐海东

徐海东到窑厂当学徒,他做窑坯又快又好,在三百个工人中工资最高。

◆ **阅读感悟**：国民党在鄂豫皖残杀当地百姓的罪行，在人民的思想深处留下了不可磨灭的阶级仇恨。

等问题。从徐海东的口中，斯诺得知，他的二十七个近亲、三十九个远亲都被国民党杀害。在谈及阶级报复时，斯诺从徐海东及战友那里听到了国民党在鄂豫皖的种种暴行。斯诺从自己的实地访问经验中得出：这些年国民党和外国报纸上发表的反共宣传，百分之九十都是虚假的。

★"四大马"

斯诺介绍了以马鸿逵、马鸿宾、马步芳、马步青为首的回民将领家族在西北回民地区的势力分割情况及其实行的政策。以马鸿逵为例，他是"四大马"中最有钱有势的一个。马鸿逵在宁夏征收各种杂税，实行食盐专运专销等措施，引起了人们的强烈不满。此外，马鸿逵还有阴谋争取日本支持反共的嫌疑。所有这些，为红军在回民中间打开局面创造了条件。

食盐专卖

马鸿逵规定每人每月必须买半磅（约半斤）食盐，买了不能转卖，私自买卖食盐要被鞭打，甚至处死。

共产党对回民的诺言：取消一切苛捐杂税；协助成立回民自治政府，取缔征兵，取消欠债；保护回族文化，保证各派宗教自由；协助创建和武装回民抗日军。这些政策得到了回民的认同。

穆斯林和马克思主义者

斯诺访问了十五军团所属的回民教导团，成员基本都是从马鸿逵和马鸿宾的部队中来的。他们经过红军的教育，已经有了一定的"阶级觉悟"，共同为建立"回汉统一战线"不断做出努力。

◆ **阅读感悟**：斯诺在跟随红军行军的路上，目睹了红军行军的纪律以及红军骑兵的风采，对红军的军纪和对待战马的方式给予了高度的评价。

第十篇　战争与和平

红军的战马 → 少年先锋队员 → 统一战线 → 朱德印象

再　谈　马

徐海东十五军团的两个师准备转移。大军离城秩序井然，除了不停的军号，悄然无声，给人指挥若定的印象。李长林告诉斯诺，红军的好马都在前线，骑兵师是全军的骄傲。他们骑在漂亮的宁夏马上，这些战马高大强壮，毛滑膘肥，大多数是从敌人手里夺取过来的。与红军骑兵同行的路上，斯诺发现红军对马十分爱惜，每天行军结束后，常常是人在侍候马。

中考模拟

在红军的每一个驻地里，都有一个少年先锋队"模范连"，他们的成员被斯诺亲切地称为"________"。

参考答案：红小鬼

★"红小鬼"

斯诺介绍了访问过程中遇到的一些"红小鬼"——少年先锋队员。少年先锋队员在红军中充任通讯员、勤务员等各种角色。

这些“红小鬼”大都是自己主动参加红军的，他们刚毅坚忍、忠贞不贰、坚定如一。斯诺最喜欢的一个“小鬼”是向季邦。在苏区，少年先锋队员的任务之一是在后方检查过路旅客，看他们有没有路条，没有路条的旅客会被带到当地苏维埃进行盘问，即使彭德怀也不例外。彭德怀曾被几个少先队员喝令站住，要看他的路条，否则就要逮捕他，直到他重新写了一张路条后，“红小鬼”才放他过去。斯诺认为少年先锋队员身上寄托着中国的将来。

实践中的统一战线

1936年9月，彭德怀的部队开始一边向黄河西移，一边向西安兰州公路南移。为了联合国民党一起抗日，共产党要求部队在今后行动中遵守“统一战线策略”。斯诺通过对这期间军队活动的逐日记载，描述了红军实践统一战线的具体情况。一些战士和指导员违反了统一战线政策，对撤退的国民党军队开火，红军内部对其进行了教育。军团剧社还特地演出新戏，展现和修正了指战员们在执行新政策过程中所犯的错误。

★关于朱德

斯诺认为朱德是一位杰出的将领，他了解到朱德貌不惊人，是一个沉默谦虚、爱护部下、说话朴实、喜欢运动和读书的红军将领。斯诺没能亲自见到并采访朱德，他引用了韦尔斯女士会见朱德时的采访材料，了解了朱德特殊的带兵战术：能跟战士共同生活，获得他们的信任；作战不管大小，都要查勘地形，精密计划一切；细心处理一切，亲自领导部队；坚持从一切角度了解敌人的阵地，跟民众也保持很好的关系。朱德一生的经历与中国民众的命运有不可分割的关系，从他的一生中可以看出红军奋斗的原因。

第十一篇　回到保安

保安的生活 → 外国对中国共产主义的影响 → 告别红色中国

路上的邂逅

斯诺在河连湾后勤部待了三天，在那里他与一位看马的老红军以及红军药剂师贾河忠进行交谈，了解了他们参加红军的故事。斯诺还注意到，在西北地区，共产党实行了宗教信仰自由的政策。

◆ **阅读感悟：** 少年先锋队员身上寄托着中国的将来，如果他们能得到解放，得到发展，得到启发，那么他们在建设新世界中必然会起到重要的作用。

中考模拟

为了联合国民党一起抗日，共产党要求部队在今后的行动中遵守“________________策略”。

参考答案： 统一战线

知识拓展

朱德

朱德（1886—1976），字玉阶，伟大的马克思主义者，无产阶级革命家、政治家和军事家，中国共产党、中国人民解放军和中华人民共和国的主要缔造者和领导人之一，中华人民共和国十大元帅之首。

识字

斯诺采访一个看马的老红军，得知红军每天教他识字，现在他已经认识二百多个字了。

人物简介

- **李德**：原名奥托·布劳恩，德国人，被称为共产党的“智囊”。
- **蔡树藩**：红军政委，在战斗中失去一臂，人称“独臂将军”，喜爱运动。

◆ **阅读感悟**：大量借鉴俄国的思想、制度和方法，虽然避免了很多弯路，但也遇到不少挫折。这启示我们，向他人学习时，应当结合自身的实际情况，有选择地加以借鉴。

物质援助

中国共产党打仗时所得到的外国物质援助比中国近代史上任何一支军队得到的都要少。

◆ **阅读感悟**：李德的两个大错误表明，西方的作战方法在中国不一定行得通，必须根据中国的实际情况，由中国的特点来决定采取什么样的战术。

★保安的生活

回保安以后，斯诺又在外交部安顿下来，这段时间，斯诺收集了足够的传记材料可以编一本《红色中国名人录》。由于蒋介石准备发动一次新的“围剿”，斯诺焦灼地等待着红军给他做好动身的安排。在等待离开西北的同时，斯诺在保安过着平静而愉快的生活，他骑马、游泳，同李德、蔡树藩、伍修权打网球。他还试做巧克力蛋糕，并和李德一起吃“西餐”。

俄国的影响

斯诺考察了俄国对中国共产党和中国革命史的影响。在中国共产党看来，苏联最重要的作用是作为一种活榜样，一种产生希望和信念的理想，是巨大的革命鼓舞和营养的来源。中国共产党由于崇拜苏联，因此难免有不少抄袭或模仿外国思想、制度、方法和组织的地方，但是共产党在借鉴俄国的思想或制度时也会加以改动，使得它适应中国的具体环境。

中国共产主义运动和共产国际

斯诺梳理和分析了中俄关系三个时期对中国革命的影响。斯诺提出，在1927年到1937年这十年之中，中国共产党所得到的外国物质援助比中国近代史上任何一支军队得到的都要少，而蒋介石在这十年内却得到了外国给他而不肯给共产党的重要援助。

★那个外国智囊

斯诺分析了李德对中国共产党的影响。对于江西红色共和国末期所犯的两个大错误，上海的顾问委员会同李德一起，都被认为是有责任的。第一个错误是十九路军在1933年秋天起义反宁时，红军没有同他们联合起来；第二个严重错误是在南京第五次“围剿”的战术防御计划。李德坚持改变战术，他拟订了一个以阵地战为中心的大规模防御计划，把游击战术降为从属的任务。斯诺认为，这次经历是很好的教训，此类错误以后大概不会再犯了，同时斯诺也肯定了共产国际对中国革命的深刻影响。

别了，红色中国

在离开保安之前，斯诺再次对毛泽东进行了访问，毛泽东首次表示共产党欢迎同国民党联合，并提出了进行合作抗日的具体条件。1936年10月，在红军中待了将近四个月后，斯诺恋恋不舍地离开了保安。到西安府时，斯诺发现自己装有此次采访所有重要材料的包不见了，他说服司机立即返回寻找，终于赶在蒋介石突然光临西安府，道路被封锁前找回了丢失了的珍贵的采访材料。斯诺想起毛泽东等人毫不在乎地走在红色中国的街上，而蒋介石却派重兵把守要道，明白了谁信任人民，谁真正害怕人民。

告别

斯诺恋恋不舍地漫步在保安大街上，人们纷纷从办公室探出头来向他挥手告别。

第十二篇　又是白色世界

西安事变 → 和平解决 → 国共关系缓和 → 美好希冀

兵变前奏

张学良带领的东北军与杨虎城带领的西北军不愿与红军开战，私底下和红军达成休战协议。蒋介石不顾国内联合抗日的强烈呼声，无视日本帝国主义对中国进犯的现实，坚持要对西北红军进行第六次“围剿”。张学良在1936年12月11日晚上十点召开了东北军和西北军的师以上将领联席会议，决定发动兵变，逮捕蒋介石和他的僚属。

◆ **阅读感悟：**受红军抗日民族革命口号的感染，张学良的东北军不愿再打内战，与蒋介石的矛盾越来越尖锐，为兵变的发生埋下了伏笔。

★总司令被逮

蒋介石在临潼被捕，成了张学良和杨虎城的阶下囚。斯诺认为，西安事变选择的时机和执行的经过，可谓高明之极。东北军和西北军的救国要求及与红军联合抗日的宣传遭到了国民党的新闻封锁。在蒋介石被俘的消息传来后，南京就开始了争夺政权的阴谋活动。野心勃勃的军政部长何应钦认为这是夺取全部军权的良机。同时，总司令在被俘以后不久就开始认识到，他最大的“叛徒”也许不在西安，而是在南京。

◆ **阅读感悟：**西安事变以蒋介石的妥协结束，不仅标志着十年内战的结束，而且对国共两党再次合作、团结抗日起到巨大的促进作用。

中考模拟

斯诺在《红星照耀中国》中写道："对于西安演出的这场惊险好戏的动机或政治背景，我们怎么说都行，但是有一点必须承认，它所选择的时机和执行的经过，可谓高明之极。"这场"惊险好戏"指的是_________，发生在______年。

参考答案：西安事变（或双十二事变） 1936

停止内战

停止内战后，国共双方关系有所缓和，大批年轻人前往苏区学习工作。

◆ **阅读感悟：**斯诺在书的最后，毫不隐讳地预言了中国共产党将会取得最后的胜利。这实际上是他通过四个多月的近距离观察、了解中国共产党后得出的判断。

蒋、张和共产党

苏维埃政府和共产党在听到事变的消息后立即召开了联席会议，支持张学良的八点纲领和参加联合抗日军事委员会。12月17日到25日，蒋介石、张学良、杨虎城和共产党举行了频繁的会谈。共产党力主和平解决，释放蒋介石，甚至还主张让他回到南京去担任领导，这样实现抗日民族统一战线才有希望。毛泽东认为，对于一个被剥夺民族自由的人民，革命的任务不是立即实现社会主义，而是争取独立。如果我们被剥夺了一个实践共产主义的国家，共产主义就无从谈起。在会谈后，蒋介石亲自保证不再打内战，并达成协议，联合抗日。

"针锋相对"

蒋介石从西安返回南京后，运用了一系列手段实行了与共产党的和解措施，包括撤销"剿匪"总部、取消新的"围剿"计划等各种命令和决议。斯诺认为蒋介石这样做，既不降低他本人在南京的威望，又能够同反对派和解。更为重要的是，西安事变暴露了他自己权力结构中的深刻裂痕。他现在清楚地看到和平对他有极大的好处，可以有时间把这些裂痕一一消除殆尽。

友谊地久天长？

在西安事变期间，红军占领了大批新扩展的地方。中共的收获还有：停止了内战，南京的对内政策有了一定程度的自由化和容忍，对日态度趋于强硬。更重要的是，双方悄悄地恢复了交通联系，开放了一部分邮件和电报，大批年轻人前往苏区学习工作，国民党也放松了对共产党的监视。共产党为了建立民族统一战线，在形式和名称上做了一些让步，但始终没放弃马克思主义和社会革命的基本原则，两党关系趋向缓和。

红色的天际

斯诺对中国的共产主义运动进行了评析，他分析了共产党在1927年以后没能赢得政权的原因、共产党在十年内战中的政治经验以及对共产党未来局势的看法。他认为尽管中国社会革命运动可能会遭受挫折，但是它最终会获得胜利，原因在于产生中国社会革命运动的基本条件本身，包含着这个运动必胜的有力因素。而且这种胜利一旦实现，将是极其有力的，必然会把帝国主义的野蛮暴政投入历史的深渊。

第2辑　《红星照耀中国》(一)

一、考点达标

1.《红星照耀中国》曾易名为《________》，作者真实记录了自1936年6月至10月在我国______________进行实地采访的所见所闻，该书绝大部分素材来自作者采访和考察的第一手资料，客观地向全世界真实报道了______和______的真实情况。

2.《红星照耀中国》是一部纪实作品，它的特征是______________。这类作品或是__________，或是__________，其内容必须真实，不能凭空虚构。

3. 在《红星照耀中国》一书中，有许多令人印象深刻的人物：为自己是无产阶级而自豪的红色窑工________；“人生五十始”的教育委员__________；觉得别人整天唱歌花费太多时间的电气专家__________。

4.《红星照耀中国》被誉为研究中国革命的“经典百科全书”，该书真实地记录了作者自1936年6月至10月在“红色中国”进行实地采访的所见所闻，书中可能报道了下列哪一事件？(　　)

A. 工农红军在会宁会师

B. 刘邓大军千里跃进大别山

C. 平型关大捷和台儿庄战役胜利

D. 卢沟桥事变

5. 综合性学习。

《红星照耀中国》从1937年初次出版至今，历经时间淘洗，一直被不同时代的读者阅读，它的活力从未衰减过，呈现出经典作品的别样光芒。班级准备开展一次阅读经典名著的活动，《红星照耀中国》是本次读书活动的必读书目，请你积极参加。

(1)《红星照耀中国》一书中写道：“在某种意义上来说，这次大规模的转移是历史上最盛大的武装巡回宣传。”文中的“武装巡回宣传”是指(　　)

A. 国民革命军出师北伐，扩大了革命影响。

B. 太平天国北伐、东征，打击了中外反动势力。

C. 工农红军的二万五千里长征，成为“革命的播种机”。

D. 刘邓大军千里跃进大别山，开辟了革命根据地。

(2)在这次活动中，同学们准备为《红星照耀中国》办一期黑板报。请参照示例，再设计两个板块。

板块一：作者与中国

板块二：______________________

板块三：______________________

板块四：我看“红星”谈心得

(3)为加大宣传力度，请你为本次读书活动拟写一则宣传标语。

____

____

6. 阅读材料，回答下列问题。

材料一　他同部下一样，只有两套制服，他们都不佩军衔领章。他有一件个人衣服，孩子气地感到很得意，那是在长征途上击下敌机后用缴获的降落伞做的背心。

材料二　他喜欢运动，但是也喜欢读书。他仔细订出读书计划，熟读政治、经济的书籍。他也喜欢跟朋友们谈天，有时也开开玩笑。……他一般没有脾气，我从没有跟他吵过嘴，但他在战斗中却要发怒。

(1)以上两则材料均选自《红星照耀中国》，材料中的“他”分别指谁？请写出“他”的人名。

____

(2)请从材料中任选一个“他”，结合人物性格特点，简要分析红军战士在“他”的领导下取得革命胜利的原因。

____

____

____

____

____

二、中考真题

1. 阅读选文，回答问题。

我和驻扎在这里的交通部的一部分人员吃饭，遇见了十几个屯宿在百家坪的青年。……我们吃的有煮熟的小鸡，不发酵的荞麦馒头，白菜，小米和我最爱吃的土豆。可是除了白开水以外，没有其他冷饮，而白开水热得不能进口。因此我口渴得要命。

吃饭时是由两个态度坦然的孩子侍候的，他们穿着大而无当的制服，戴着鸭舌尖式的红帽子。他们最初不愉快地注视着我，可是在几分钟后，我就想法惹起了其中一个孩子的友谊的微笑。我自己胆大了，他从我身边走过时，我招呼他：“喂，拿点冷水来。”

可是，他毫不理睬。几分钟后，我又招呼另一个孩子，结果也是一样。

（节选自《红星照耀中国》）

选文中，两个孩子为什么对“我”的招呼毫不理睬？

____

____

____

____

2. 阅读选段，完成题目。

(A)邓发？邓发……哦，邓发是中国共产党秘密警察的头子。而且还有，悬赏五万元要他的首级！

邓发泄露了他的身份以后高兴得跳了起来。他按捺不住自己，对目前这种情况感到好玩：他，这个鼎鼎大名的“共匪”，就生活在敌营中心，不把到处追缉他的特务放在眼里。

(B)可是我急着要把它找回来的直觉是绝对正确的，因为第二天一早，街上停止一切交通，城门口的所有道路都遍布宪兵和军队的岗哨。沿路农民都被赶出了家。有些不雅观的破屋就干脆拆除，不致使人觉得难看。原来是蒋介石总司令突然光临西安府。那时我们的卡车要再沿原路回渭河就不可能了，因为这条道路是经过重兵把守的机场。

总司令的驾到同我记忆犹新的场面——毛泽东、徐海东、林彪、彭德怀毫不在乎地走在红色中国的一条街上——截然不同，令人难忘。而且总司令并没有人悬赏要他首级。这生动地说明谁真的害怕人民，谁信任人民。

(1)选文A中的邓发见“我”的任务是__________________，选文B中的“它”指的是__________________。

(2)原著具有鲜明的态度，请从选文A、选文B中各举一例并作简要分析。

____

____

____

(3)联系原著，概括作者阐明的主要见解。

____

____

____

____

《红星照耀中国》(二)

一、考点达标

1. ________ 被称为“教书先生老徐”,他是毛泽东在长沙师范求学时的老师,为苏区的教育工作做出了很大的贡献。

2. 班级举行《红星照耀中国》读书交流会,请你帮助完成下面的题目。

人物:__________

主要经历:出身官僚家庭→毕业于________________→领导学生运动→帮助创建共产党→任职________→组织大罢工→组织“八一”起义→在南方艰苦斗争→长征

3. 1937年10月,美国著名记者埃德加·斯诺的《红星照耀中国》在英国出版,引起世界轰动。1938年12月,该书在上海发行的中文版却更名为《西行漫记》,其改名原因最有可能是(　　)

A. 便于该书在中国顺利发行。

B. 凸显延安的抗战中心地位。

C. 遵循新闻采访的中立原则。

D. 准确界定采访活动的区域。

4. 根据要求,完成下列各题。

本学期我们阅读的《红星照耀中国》是一部纪实作品。作者斯诺在烽火中,穿越重重封锁,深入根据地,切实了解了中国共产党人的生活和经历,作品一问世,便引起轰动。你所在的班级准备以“我读《红星照耀中国》”为主题开展一系列的阅读交流活动。

(1)下面对《红星照耀中国》相关内容表述错误的一项是(　　)

A.《红星照耀中国》曾易名为《西行漫记》,是美国著名记者埃德加·斯诺写的一部文笔优美的纪实作品,被誉为“研究中国革命的经典百科全书”。

B. 作者斯诺采访了毛泽东、周恩来等中国共产党的领导人和红军将领,真实记录了自1936年6月至10月在中国西北革命根据地的所见所闻。

C. 全书共12篇,实际写了两个层面的事实:一是作者采访“红色中国”的过程,二是“红色中国”的历史、现状和未来。

D. 作品按照“探寻红色中国”的空间顺序来记录见闻,客观地向全世界报道了共产党和红军的真实情况。

(2)《红星照耀中国》一书较厚,为了更好地梳理书本内容,班级决定分组进行专题探究。请你帮助同学们确定两个探究专题(与示例不重复)。

示例:领袖人物和红军将领的革命之路

____

____

____

(3)同学们研读《红星照耀中国》一书后,书中共产党人所展现出的崇高精神品质深深地打动了他们。请你任选书中的一个人物作为倾诉对象,写一段话来表达你对他的敬佩之情。

____

____

____

____

5. 埃德加·斯诺在《红星照耀中国》一书中预言“红色革命必将胜利”,请结合下面三则材料,分析斯诺提出这个预言的依据。

材料一 他(朱德)的生活和穿着都跟普通士兵一样,同甘共苦……在长征途中,他把马让给走累了的同志骑,自己却大部分步行,似乎不知疲倦。

材料二 “红军对待我们很好,我们从来没挨过打,”“老表”说,“……这里大家打仗是为了帮助穷人,救中国。红军打地主和白匪,红军是抗日的。这样的军队为什么有人会不喜欢呢?”

材料三

红军不怕远征难,万水千山只等闲。
五岭逶迤腾细浪,乌蒙磅礴走泥丸。
金沙水拍云崖暖,大渡桥横铁索寒。
更喜岷山千里雪,三军过后尽开颜。

____

____

____

____

6. 阅读选文,回答下列问题。

红军成功地突破了第一道碉堡线以后,就开始走上它历时一年的划时代的征途,首先向西,然后向北。这是一次丰富多彩、可歌可泣的远征,这里只能作极简略的介绍。共产党人现在正在写一部长征的集体报告,由好几十个参加长征的人执笔,已经有了三十万字,还没有完成。冒险、探索、发现、勇气和胆怯、胜利和狂喜、艰难困苦、英勇牺牲、忠心耿耿,这些千千万万青年人的经久不衰的热情、始终如一的希望、令人惊诧的革命乐观情绪,像一把烈焰,贯穿着这一切,他们不论在人力面前,或者在大自然面前,上帝面前,死亡面前都绝不承认失败——所有这一切以及还有更多的东西,都体现在现代史上无与伦比的一次远征的历史中了。

(1)上面这段话出自哪部作品?文中加点的“征途”指的是什么?

____

____

(2)请简要分析选文中加点词语“烈焰”的作用。

____

____

____

____

(3)结合作品内容,请简要谈谈红军为什么会踏上这条“征途”。

____

____

____

____

二、中考真题

阅读下面的语句,按要求作答。

在每一个红军驻地都有一个少年先锋队“模范连”。他们都是十二岁至十七岁(照外国算法实际是十一岁至十六岁)之间的少年,他们来自中国各地。他们当中有许多人像这个小号手一样,熬过了从南方出发的长征的艰苦。

(摘自《红星照耀中国》)

(1)上面语句中的“他们”被作者亲切地称为“______________”。

(2)孔子云:“勇者不惧。”请结合你对书中“他们”事迹的阅读体会,谈谈对“勇者”的理解。

____

____

____

____

《红星照耀中国》（三）

一、考点达标

1. 美国著名记者＿＿＿＿＿的《红星照耀中国》一书以＿＿＿＿＿性手法向西方国家大量介绍了"红色中国"以及红军长征的事迹，一度风靡全世界。

2. 《红星照耀中国》题目中的"红星"象征着＿＿＿＿＿＿＿＿＿＿＿＿＿＿＿。该书作者于1936年到苏区临时首都＿＿＿县（今陕西省志丹县）采访了毛泽东并搜集到有关红军长征的第一手资料。

3. 根据文字描述写出对应人物。

①他显然是中国人中间最罕见的一种人，一个行动同知识和信仰完全一致的纯粹知识分子。他是一个书生出身的造反者。

＿＿＿＿＿

②他是个大个子，像只老虎一样强壮有力。他已年过半百，但仍很健康。他性格很急躁，但是很谦虚。他以行军神出鬼没著称。

＿＿＿＿＿

③他的动作和说话都很敏捷，谈话举止里有一种开门见山、直截了当、不转弯抹角的作风。＿＿＿＿＿

4. 下列关于名著《红星照耀中国》的表述，不正确的一项是（　　）

A. 《红星照耀中国》是一部文笔优美、纪实性强的作品，作者是美国著名记者埃德加·斯诺。

B. 《红星照耀中国》描绘了中国共产党人和红军战士坚韧不拔、英勇卓绝的伟大斗争画卷，展示了他们平凡而伟大的精神风貌。

C. 《红星照耀中国》不仅在政治意义上取得了极大的成功，而且在艺术手法上也成为同类作品的典范。

D. 作者在《红星照耀中国》中对长征表达了同情之意，断言长征实际上是一次决策上的失败。

5. 读《红星照耀中国》时，有同学发现"红"字是书中反复出现的字眼，"红星""红军""红小鬼"……同学们对书中的"红"字的内涵展开了讨论。下面是甲、乙两位同学的发言，请根据书中的具体内容和你的阅读体验将其补充完整。

甲：我认为，"红"不再是颜色，而是一种精神象征，象征着革命热情和不畏艰难、不怕牺牲、奋力拼搏的精神。在《长征》中，我不但看到红军战士们冒着枪林弹雨飞夺泸定桥，还看到他们①＿＿＿。

乙："红"，我理解为一种②＿＿＿＿的精神，你看书中"红小鬼"③＿＿＿。

①＿＿＿＿＿＿＿＿＿＿＿＿＿＿＿＿＿＿

②＿＿＿＿＿＿＿＿＿＿＿＿＿＿＿＿＿＿

③＿＿＿＿＿＿＿＿＿＿＿＿＿＿＿＿＿＿

6. 阅读选文，回答问题。

红军说，他可以手无寸铁地到全国任何哪个村子里去，向哥老会说出自己的身份后，组织起一支部队来。哥老会的规矩和黑话很难掌握，但是他的"辈分"最高，因此据说曾经不止一次把一个地方的哥老会全部兄弟收编进红军。

上文中的"他"指的是＿＿＿＿。在陕北，斯诺采访了众多共产党领袖和红军将领，除他之外，还有毛泽东、周恩来、彭德怀、＿＿＿＿＿等。

7. 阅读选文，回答问题。

但是，不可否认，你觉得他的身上有一种天命的力量。这并不是什么昙花一现的东西，而是一种实实在在的根本活力。你觉得这个人身上不论有什么异乎寻常的地方，都是产生于他对中国人民大众，特别是农民——这些占中国人口绝大多数的贫穷饥饿、受剥削、不识字，但又宽厚大度、勇敢无畏、如今还敢于造反的人们——的迫切要求作了综合和表达，达到了不可思议的程度。

(1)这段文字选自《红星照耀中国》第三篇《在保安》，作者在文中高度评价的“这个人”是后来成为中华人民共和国缔造者之一的__________。

(2)在作者看来，“这个人”的身上体现了哪些“活力”或“异乎寻常的地方”？请结合作品内容简要概括。

____

____

____

8. 阅读选文，回答问题。

一九二八年七月他以他自己的著名第一团为核心，联合二、三团部分官兵和军校学生，举行平江起义，又同起义的农民会合，成立了湖南的第一个苏维埃政府。……我原来以为他是个疲惫的、板着脸的狂热领袖，身体也许已经垮了。结果我却发现他是个愉快爱笑的人，身体极为健康，只是肚子不好，这是在长征途上有一个星期硬着头皮吃没有煮过的麦粒和野草，又吃带有毒性的食物和几天颗粒不进的结果。他身经百战，只受过一次伤，而且只是表面的。

以上片段中描写的“他”是__________(人物)。请结合书中一个关于他的其他事例，谈谈你对他的认识。

____

____

9. 阅读选文，回答问题。

在平原地带天气很热，可是在过大雪山时，这些衣衫单薄、气血不旺的南方战士不习惯于高原气候，冻死不少。更难的是爬荒凉的炮铜岗，他们可以说是自己铺出一条路出来的，一路砍伐长竹，在齐胸深的泥淖上铺出一条曲折的路来。毛泽东告诉我：“在这个山峰上，有一个军团死掉了三分之二的驮畜。成百上千的战士倒下去就没有再起来。”

(1)上面文段选自作品《__________》，文中的“我”指的是__________。文段所写的事件是__________。

(2)选取这部作品中的一个主要人物，说说其性格特征或精神品质。

____

____

____

二、中考真题

阅读选文，回答问题。

我到后不久，就见到了毛泽东，他是个面容瘦削、看上去很像林肯的人物，个子高出一般的中国人，背有些驼，一头浓密的黑发留得很长，双眼炯炯有神，鼻梁很高，颧骨凸出。我在一刹那间所得的印象，是一个非常精明的知识分子的面孔，可是在好几天里面，我总没有证实这一点的机会。

本语段选自《__________》。在这之前，作者斯诺见到了一位“鼎鼎大名的”革命领导人__________。

《红星照耀中国》(四)

一、考点达标

1.《红星照耀中国》一共由______篇构成，其中记述毛泽东事迹的一篇是《____________》，周恩来的事迹主要在《____________》一节里叙述。

2.《红星照耀中国》主要内容包括：①对____________________________主要领导人的采访；②介绍中国共产党的抗日政策、红军的军事策略；③____________________________；④作者的整个采访经历和感受等。

3. 下列有关《红星照耀中国》的说法有误的一项是(　　)

A.《红星照耀中国》的寓意是中国共产党及其领导的红色革命犹如一颗闪亮的红星，不仅照耀着中国的西北，而且必将照耀全中国。

B. 美国记者斯诺以一个外国人的视角，客观地向全世界报道了中国共产党和红军的真实情况，使西方人全面地了解到中国共产党人的真实生活。

C.《红星照耀中国》是一部长篇小说，记录的是斯诺通过采访、对话和实地考察得来的"事实"，是一部"用事实说话"的杰出作品。

D. 斯诺收集了大量有关长征的第一手资料，在作品中描述了中国工农红军长征的经过，向全世界全面报道了这一举世无双的军事壮举。

4. 根据下列文字，写出相应人物。

他貌不惊人，是一个沉默谦虚、有点饱经沧桑的人。他的眼睛很大，身材不高，但很结实，胳膊和双腿都像铁打的一样。他于1886年出生在四川仪陇县一个叫马鞍场的村子里，1909年加入了孙中山的同盟会，1922年10月加入中国共产党，1928年5月，在井冈山建立革命根据地。

上面文字描述的"他"是____________。

5. 下面是两位同学读了《红星照耀中国》后的看法，请将下面的空格补充完整，然后分享你的阅读感受。

波波：长征中，红军的英勇事迹数不胜数，可歌可泣，有爬雪山、过草地、血战湘江、四渡赤水、巧渡金沙江等，________________是长征中关系重大的一个事件，太平天国领袖石达开曾经在这里全军覆没，最后落得被凌迟处死的下场。

涛涛：我最佩服陕西革命根据地的建立者之一——____________，他被斯诺称为"现代侠盗罗宾汉"，对有钱人怀有山区人民的一贯仇恨，对穷人来说他是个大救星。在地主和老财中间，他成了惩恶除奸的天鞭。参加红军后，指挥战斗所向披靡，根据地不断扩大。后来在抗日东征途中牺牲，葬在____________，苏区通过把"红色中国"的一个县以他的名字命名的方式来纪念他。

我最佩服这部作品中的__________，因为____。

6. 阅读选文，回答问题。

他给我的印象是我所遇到的共产党领袖中"阶级意识"最强的一个人——不论在态度上、外表上、谈吐上和背景上都是如此。事实上，除了贺龙以外，他大概是指挥员中唯一的"纯无产阶级"。虽然红军中的大多数下级军官出身于无产阶级,有许多高级指挥员出身于中产阶级或中农家庭,甚至出身于知识分子。

(1)选文中的“他”指的是__________,他是最神秘的中国共产党军事领导人之一,除了曾经在湖北一个________做过工外,外界对他了解很少。

(2)结合选文和《红星照耀中国》,简要概括“他”的性格特点。

____

____

____

____

7. 阅读选文,回答问题。

①我以前从没有见过这么多孩子聚在一起。他们大多数是地主子弟,穿着讲究;很少有农民供得起子弟上这样的学堂。我的穿着比别人都寒酸。我只有一套像样的短衫裤。学生是不穿大褂的,只有教员才穿,而洋服只有“洋鬼子”才穿。我平常总是穿一身破旧的衫裤,许多阔学生因此看不起我。可是在他们当中我也有朋友,特别有两个是我的好同志。其中一个现在是作家,住在苏联。

②人家不喜欢我也因为我不是湘乡人。在这个学堂,是不是湘乡本地人是非常重要的,而且还要看是湘乡哪一乡来的。湘乡有上、中、下三里,而上下两里,纯粹出于地域观念而殴斗不休,彼此势不两立。我在这场斗争中采取中立的态度,因为我根本不是本地人。结果三派都看不起我。我精神上感到很压抑。

(节选自第四篇《一个共产党员的由来》)

(1)选文中的“我”指的是________________。

(2)“我”精神上感到很压抑的原因是什么?

____

____

____

二、中考真题

阅读《红星照耀中国》,讲好中国故事。

目　　录

第一篇　探寻红色中国
　一些未获解答的问题
　通过红色大门
第二篇　去红都的道路
　遭白匪追逐
　造反者
第四篇　一个共产党员的由来
　在长沙的日子
　苏维埃运动
第七篇　去前线的路上
　同红色农民谈话
第八篇　同红军在一起
　“真正的”红军
　彭德怀印象
　为什么当红军?
　游击战术
　红军战士的生活

(有删节)

班级准备举行“走近领袖”故事会。你认为应该选择哪些方面的内容来凸显人物特点?请选择下面一个人物,参考目录,简要说明。

A. 毛泽东　　B. 周恩来　　C. 彭德怀

____

____

____

《红星照耀中国》(五)

一、考点达标

1.《红星照耀中国》中,__________是斯诺笔下比较有代表性的人物形象。他健康、质朴、纯真,有幽默感、精明、精力过人,是一个颇有天才的军事和政治战略家,他领导红军长征,带领军民革命,改变了中国和民众的命运。

2.《红星照耀中国》真实地记录了众多中国共产党领袖,选择与下列描述对应的人物。

①与彝族首领歃血为盟,结为兄弟,率领红军先锋部队走过彝族地区的指挥员。_____

②曾经效忠于汪精卫的武汉政府,后毅然投身共产党的"土匪头子"。_____

③远道跋涉,到北京、上海、柏林找寻共产党的革命领袖。_____

A. 贺龙　　B. 朱德　　C. 刘伯承

3. 斯诺在吴起镇遇到一个电气工程师,他是个很能干的人,以前他在南方担任顾问工程师,一年收入可达一万元。但他为了实现祖父的愿望,放弃这样的收入,到陕西的这些荒山中来,尽义务为共产党贡献他的力量。他是(　　)

A. 朱作其　　B. 贾河忠

C. 徐海东　　D. 林祖涵

4.《红星照耀中国》一书向西方国家介绍了"红色中国"以及红军长征的事迹,一度风靡全世界。2023年是红军长征胜利(　　)周年。

A. 74　　B. 75　　C. 86　　D. 87

5. 在《红星照耀中国》阅读活动中,你要参与完成其中一份"红军将领参加革命的原因"专题探究卡,请你从下列所给的选项中选择一个人物(填序号),结合书中的相关内容完成表格。

A. 贺龙　　B. 彭德怀　　C. 朱德

"红军将领参加革命的原因"专题探究卡		
红军将领	成长过程中的相关事件	参加革命的原因
毛泽东	①看到因饥荒"造反"的百姓被害。 ②阅读了列强瓜分中国的小册子。	①经受过苦难;同情百姓疾苦,不满社会黑暗;意识到国家兴亡,匹夫有责。 ②接受进步教育,受到进步书籍、人物的影响。
我选择______	①__________ ②__________	①__________ ②__________

____

____

____

____

____

6.《红星照耀中国》作为一部纪实文学作品,不仅客观地反映了事实,还艺术地表达了真实。阅读选段,回答问题。

他在一九三六年三月领导突击队袭击敌军工事时受了重伤,但红军能够渡过黄河靠他攻占那个工事。他被送回陕西,他双目凝视着他幼时漫游的心爱的群山,在他领导下走上他所坚信的革命斗争道路的山区人民中间死去。

(1)文段中的"他"是谁?你从作者诗意化的语言里,读出了"他"怎样的情感与精神?

____

(2)斯诺在序言中说："从字面上讲起来，这一本书是我写的，这是真的。可是从最实际主义的意义来讲，这些故事却是中国革命青年们所创造，所写下的。"请结合作品的内容，说说你对这句话的理解。

7. 阅读选文，回答问题。

对于西安演出的这场惊险好戏的动机或政治背景，我们怎么说都行，但是有一点必须承认，它所选择的时机和执行的经过，可谓高明之极。它比蒋介石在南京或上海发动的政变，或者共产党占据广州的情况，其流血和笨拙程度都不知要低多少。

(1)斯诺所说的"惊险好戏"发生在哪一年？是谁发动的？

(2)这场"惊险好戏"的动机是什么？

(3)这场"惊险好戏"的结果如何？有何历史意义？

8. 根据名著《红星照耀中国》，回答问题。

对于长征，毛泽东曾评价道："长征是历史纪录上的第一次，长征是宣言书，长征是宣传队，长征是播种机。"

(1)根据对埃德加·斯诺《红星照耀中国》的阅读，说说长征是宣言书、宣传队、播种机的理由。

习近平总书记说："一个有希望的民族不能没有英雄，一个有前途的国家不能没有先锋。包括抗战英雄在内的一切民族英雄，都是中华民族的脊梁，他们的事迹和精神都是激励我们前行的强大力量。"

(2)请从《红星照耀中国》中列举出一个你眼中的英雄，并说明理由。

二、中考真题

下面是《红星照耀中国》中有关三位红军领袖的评价，哪一项匹配不当？请结合阅读体验，做出判断并写出正确的评价对象。

A. 朱德——他是坚韧不拔精神的化身，是新旧历史间的桥梁。

B. 周恩来——他的自傲和热烈，虽不免有点朴野之感，可是他是十分的诚恳。

C. 彭德怀——他是一个活泼的、喜欢发笑的人，是一个大的滑稽家。

《红星照耀中国》(六)

一、考点达标

1. 黄埔军校是中国近代著名的一所军事学校，________曾在这所学校担任政治部主任。

2. 在井冈山时期，红军给战士规定的三条简明的纪律：一是__________听指挥；二是不拿__________一点东西；三是打土豪要__________。

3. 苏维埃政府对农民具有重要意义的四项举措是__________；__________；__________；__________。

4.《红星照耀中国》的作者斯诺在陕北采访了众多共产党领袖和红军将领，请你根据下面有关出身与家庭、外貌形象、童年经历的材料，分别写出材料中的“他”或“我”指的是谁。

A. 我于一八八六年生在四川仪陇县一个叫马鞍场的村子里。我家是穷苦的佃农。为着一家二十口的生活，我们租了二十亩田。

B. 他的父亲是清朝一个武官，一天别的武官请他父亲去赴宴，父亲把他带去。做父亲的吹嘘自己儿子如何勇敢无畏，有个客人想试他一下，在桌子底下开了一枪。他们说他面不改色，连眼睛都没有眨一下！

C. 他是个面容瘦削、看上去很像林肯的人物，个子高出一般的中国人，背有些驼，一头浓密的黑发留得很长，双眼炯炯有神，鼻梁很高，颧骨凸出。

A. ________ B. ________ C. ________

5. 下列关于《红星照耀中国》内容的表述，不正确的一项是(　　)

A. 张学良始终没有认识到他们所打的“土匪”实际上是由抗日爱国的能干指挥员领导的。

B. 红军在甘肃冲破了部署在甘肃南部的南京、东北等军队的拦阻，在体力已达到无法忍受的情况下，终于到达了长城下的陕北。

C. 在苏区，在社会教育方面，共产党人帮助人们识字，年轻人甚至是上了年纪的农民一开始朗读短句，就在认字的同时吸收了其中的思想。

D. 彭德怀很喜欢孩子，也很尊重孩子，他的身后常常有一群孩子跟着。斯诺常见到彭德怀和两三个“红小鬼”坐在一起，认真地向他们讲解政治问题和人格问题。

6. 下列语段中的“他”是谁？请概括“他”的人物形象。

他生于陕北保安，离开榆林后进了广州黄埔军校，结业后成了共产党员和国民党军队的青年军官。他随军北伐到了汉口。1927年南京政变后，在上海为党做秘密工作，1928年回到故乡陕西，第二年在陕西南部领导了一次农民起义，虽遭血腥镇压，陕西省的第一批游击队核心却由此产生。

____

____

____

____

7. 阅读选文，回答问题。

我每天花四五个小时听他聊天，回忆往事，还听他对政局作比较严肃的解释。他是我完全意想不到的一个人。……我后来知道，在共产党中间，大家都叫他王牧师。

一些时候以来，王牧师就丢官弃教，同共产党合作。这样有多久了，我不知道。他成了一种秘密的、非正式的使节，到各种各样的文武官员那里去进行游说，帮助共产党把他们争取过来，使他们了解和支持共产党成立“抗日民族统一战线”的建议。至少在张学良那里，他的游说是成功的。

(1)文中的“王牧师”的真名是________。

(2)文中的“游说”具体指什么？

____

____

____

8. 阅读选文，回答问题。

我看到有许多人都已饿得半死，我知道那个人的米仓里有一万担大米，可是他却一点也不肯帮穷人的忙。我生气起来，便带领农民攻打他的家，他们把他的存粮都运走了。我事后想起来也不知自己为什么这样做。我只知道，他应该把米卖给穷人，要是不卖，他们把米拿走是应该的。

(1)选文中的“我”是__________(人名)。

(2)“我”经过这一事件后，命运发生了怎样的变化？

____

____

____

9. 阅读选文，回答问题。

①孙铭九向他打了招呼，总司令的第一句话是：“你是同志，就开枪把我打死算了。”孙回答说：“我们不开枪。我们只要求你领导我国抗日。”

②蒋介石仍坐在大石上，结结巴巴地说：“把张少帅叫来，我就下山。”

③“张少帅不在这里。城里的部队已起义，我们是来保护你的。”

④总司令闻此似乎感到放心多了，要派一匹马送他下山。“这里没有马，”孙铭九说，“不过我可以背你下山。”他在蒋介石前面蹲下。蒋介石犹豫了一会儿就同意了，吃力地趴在这个年轻军官的宽阔背上。他们就这样在军队卫护下下了山，等仆人送来了他的鞋子，然后在山脚下上了汽车开到西安去。

⑤“既往不咎，”孙铭九对他说，“从今开始中国必须采取新政策。你打算怎么办？……中国的唯一紧急任务就是打日本。这是东北人民的特别要求。你为什么不打日本而下令打红军？”

⑥“我是中国人民的领袖，”蒋介石大声说，“我代表国家。我认为我的政策是正确的。”

(节选自第十二篇《又是白色世界》)

(1)联系名著，指出选文第⑥段中“我的政策”指的是什么。

____

____

(2)选文叙述的是什么事件？为什么会发生这个事件？

____

____

____

(3)结合作品，简要回答《红星照耀中国》一书的意义。

____

____

____

____

____

10. 阅读选文，回答问题。

①泸定桥建桥已有数百年的历史，同华西急流深河上的所有桥梁一样都是用铁索修成的。一共有十六条长达一百多码的粗大铁索横跨在河上，铁索两端埋在石块砌成的桥头堡下面，用水泥封住。铁索上面铺了厚木板做桥面，但是当红军到达时，他们发现已有一半的木板被撬走了，在他们面前到河流中心之间只有空铁索。在北岸的桥头堡有个敌军的机枪阵地面对着他们，后面是一师白军据守的阵地。当然，这座桥本来是应该炸毁的，但是四川人对他们少数几条桥感情很深；修桥很困难，代价也大。据说光是修泸定桥"就花了十八省捐献的钱财"。反正谁会想到红军会在没有桥板的铁索上过桥呢，那不是发疯了吗？但是红军就是这样做的。

②机不可失。必须在敌人援军到达之前把桥占领。于是再一次征求志愿人员。红军战士一个个站出来愿意冒生命危险，于是在报名的人中最后选了三十个人。他们身上背了毛瑟枪和手榴弹，马上就爬到沸腾的河流上去了，紧紧地抓住了铁索一步一抓地前进。红军机枪向敌军碉堡开火，子弹都飞迸在桥头堡上。敌军也以机枪回报，狙击手向着在河流上空摇晃地向他们慢慢爬行前进的红军射击。第一个战士中了弹，掉到了下面的急流中，接着又有第二个、第三个。但是别的人越来越爬近到桥中央，桥上的木板对这些敢死队起了一点保护作用，敌人的大部分子弹都迸了开去，或者落在对岸的悬崖上。

（节选自第五篇《长征》）

(1)请简要概括选文的故事情节。

____

____

____

____

(2)结合选文内容，谈谈你对红军战士的认识。

____

____

____

____

(3)强渡大渡河发生在红军长征途中，红军渡过大渡河有何重要意义？

____

____

____

____

____

二、中考真题

阅读下面的选段，根据要求填空。

一天早上我到彭德怀的司令部去，我注意到有一个我以前没有见过的年轻指挥员。彭德怀看见我瞧着他，便开玩笑说："那边这个人是著名的赤匪。你认出他来了吗？"新来的那个人马上面露笑容，脸涨得通红，嘴里露出掉了两个门牙的大窟窿，使他有了一种顽皮的孩子相，大家不由得都笑了。

可是就在这里，羞怯地长在一对宽阔的孩子气肩膀上的，却是南京的悬赏不下于彭德怀的脑袋。

选段选自作品《红星照耀中国》，这个"赤匪"是__________（填姓名），他的两颗门牙是因为__________________而掉的。

《红星照耀中国》(七)

一、考点达标

1. 在《红星照耀中国》中,斯诺探求了________________发生的背景、发展的原因。他判断由于____________的宣传和具体行动,使穷人和受压迫者对国家、社会和个人有了新的理念,有了必须行动起来的新的信念。

2. 第一次国共合作的基础,就共产党人而论,可以归结为孙逸仙和国民党接受两大革命原则。第一个原则承认有必要采取______________________,第二个原则要求在国内实行__________________________。

3. 在《贺龙二三事》一节中,向作者讲述了贺龙事迹的是(　　)

A. 邓发　　B. 周逸群

C. 徐特立　　D. 李长林

4. 关于《红星照耀中国》的说法不正确的一项是(　　)

A. 全书共12篇,主要内容包括:对中国共产党和红军主要领导人的采访;中国共产党的抗日政策及军事策略;关于红军长征的介绍;作者的整个采访经历和感受等。

B. 作者真实地记录了自1937年6月至10月在我国西北革命根据地进行实地采访的所见所闻,向全世界真实报道了中国和中国工农红军以及许多红军领袖、红军将领的情况。

C. 作者在书中说中国红军的长征实际上是一场战略撤退,称赞长征是一部英雄史诗。

D. 作品是按照"探寻红色中国"的时间顺序来记录见闻的。

5. 本学期你读了《红星照耀中国》,根据阅读积累,回答问题。

(1)请在下面文段的空缺处填写相应的人物。

章节	斯诺对"他"的印象
《在保安》	①________是个面容瘦削、看上去很像林肯的人物,个子高出一般的中国人,背有些驼,一头浓密的黑发留得很长,双眼炯炯有神,鼻梁很高,颧骨凸出。我在一刹那间所得的印象,是一个非常精明的知识分子的面孔。
《同红军在一起》	②________同部下一样,只有两套制服,他们都不佩军衔领章。他有一件个人衣服,孩子气地感到很得意,那是在长征途上击下敌机后用缴获的降落伞做的背心。

(2)"冒险、探索、发现、勇气和胆怯、胜利和狂喜、艰难困苦、英勇牺牲、忠心耿耿,这些千千万万青年人的经久不衰的热情、始终如一的希望、令人惊诧的革命乐观情绪,像一把烈焰,贯穿着这一切,他们不论在人力面前,或者在大自然面前,上帝面前,死亡面前都绝不承认失败。"这是斯诺对下面哪一事件的评价?(　　)

A. 五四运动　　B. 红军长征

C. 北伐战争　　D. 抗日战争

6. 阅读选文,回答问题。

他们大多数人穿的军服都太肥大,袖子垂到膝部,上衣几乎拖到地面。他们说,他们每天洗手、洗脸三次，可是他们总是脏，经常流着鼻涕，他们常常用袖子揩，露着牙齿笑。虽然这样，但世界是他们的：他们吃得饱，每人有一条毯子，当头头的甚至有手枪，他们有红领章，戴着大一号甚至大两号的帽子，帽檐软垂，但上面缀着红星。

(1)这段文字刻画的是人物群像，他们被称为“______________”。

(2)这段文字描写人物的方法属于________描写。

7. 阅读选文，回答下列问题。

我们（红军）的小分队保卫一个孤立的岗哨，抵抗国民党将领高桂滋的进攻。农民们给我们带来了吃的和喝的。我们不用派人去搞给养，人民会帮助我们。高桂滋的军队打败了。我们俘虏了几个，他们告诉我们，他们有两天没水喝了。农民们在井里放了毒逃走了。

(1)这段文字阐述的中心是什么？

____

(2)这段文字主要运用了什么表现手法？

____

____

____

8. 阅读选文，回答问题。

①蒋介石悬赏八万元要他的首级，可是在他的司令部门前，只有一个哨兵。

②我到屋子里以后看到里面很干净，陈设非常简单。土炕上挂的一顶蚊帐，是唯一可以看到的奢侈品。炕头放着两只铁制的文件箱，一张木制的小炕桌当作办公桌。哨兵向他报告我的到来的时候，他正伏案在看电报。

…………

③他动手替我起草一个旅程。写完以后，他交给我一张纸，开列着为时共需九十二天的旅程中的各个项目。

④“这是我个人的建议，”他说，“但是你是否愿意遵照，那完全是你自己的事情。我认为，你会觉得这次旅行是非常有趣的。”

以上文段选自《______________》，里面提到的“他”是______________，请结合上文谈谈他的品格。

____

____

____

____

9. 阅读选文，回答下列问题。

①朱德爱护他的部下是天下闻名的。自从担任全军统帅以后，他的生活和穿着都跟普通士兵一样，同甘共苦，早期常常赤脚走路，整整一个冬天以南瓜充饥，另外一个冬天则以牦牛肉当饭，从来不叫苦，很少生病。他们说，他喜欢在营地里转，同弟兄们坐在一起，讲故事，同他们一起打球。他乒乓球打得很好，篮球打个“不厌”。军队里任何一个战士都可以直接向总司令告状——而且也常常这样做。朱德向弟兄们讲话往往脱下他的帽子。在长征途中，他把马让给走累了的同志骑，自己却大部分步行，似乎不知疲倦。

②“我认为他的基本特点就是天性极端温和。”当别人请他的妻子康克清谈一谈她认为她的丈夫有什么与众不同的性格时，她说道，“其次，他对一切大小事情都十分负责。第三，他喜欢跟一般战斗员生活打成一

片，经常和他们谈话。

③“朱德对弟兄们说话非常朴实，他们都能听懂。有时要是他不十分忙，就帮助农民们种庄稼。他常常从山下挑粮食到山上。他非常强健，什么东西都能吃，除了大量辣椒，没有什么特别爱吃的东西，因为他是四川人。他晚上非到十一二点钟不睡，早晨总是五六点钟起床。”

④“他喜欢运动，但是也喜欢读书。他仔细订出读书计划，熟读政治、经济的书籍。他也喜欢跟朋友们谈天，有时也开开玩笑，虽然并不像毛泽东那样幽默。他一般没有脾气，我从没有跟他吵过嘴，但他在战斗中却要发怒。打仗时朱德总是在前线指挥，但没有受过伤。”

（节选自第十篇《战争与和平》）

(1)在朱德的妻子康克清眼中，丈夫的性格是怎样的？

____

(2)结合选文内容，谈谈朱德为何能造就铁一般的军队。

____

二、中考真题

名著阅读。

埃德加·斯诺运用形象化的描述，捕捉生动的细节，并在叙事中穿插评论，让《红星照耀中国》这本书里一个个鲜活的生命光耀着永恒和崇高。请你仔细阅读筛选出的相关信息，将表格补充完整。

人物	细节描述	作者评论
毛泽东		⑤
		①
泸定桥英雄	⑦	
	⑧	

①他建立了中国革命化军队在游击战中不可轻侮的战斗力。他和毛泽东的联合不是互相竞争的，而是相辅相成的。

②红军战士一个个站出来愿意冒生命危险。四川军队大概从来没有见过这样的战士——这些人当兵不只是为了有个饭碗，这些青年为了胜利而甘于送命。

③沉着谦虚，说话轻声，眼光非常和蔼。有铁一般的臂膀和腿。喜欢运动，喜欢读书。

④他们的英勇故事流传很多，他们永远是愉快的，乐观的，寄托着中国的将来。

⑤苏维埃掌权人物，感情相当深邃的人，是一个颇有天才的军事和政治战略家，他提出建立抗日民族统一战线的主张。

⑥面容瘦削，个子高出一般中国人，一头浓密的黑发，双眼炯炯有神，鼻梁很高，颧骨凸出。

⑦桥上一半木板被抽走，三十个勇士冒着弹雨，紧抓铁索一步一抓地前进，冒着舔人的火焰冲过余下的桥板。

⑧他们大多数人的军服都太肥大，袖子垂到膝部，上衣几乎拖到地面。

《红星照耀中国》(八)

一、考点达标

1. ____________为斯诺起草了一个访问旅程，这个旅程总共需要__________天。

2. 《红星照耀中国》中介绍了很多优秀的共产党人，如让地主乡绅闻风而逃的__________；十七岁带领饥民攻打地主家并把粮食全部运走的____________。

3. 下列对名著《红星照耀中国》有关内容表述不正确的一项是(　　)

A. 在《大渡河英雄》这一节中，林彪在彝族首领面前同他一起饮了新杀的一只鸡的血，他们两人按照部落传统方式，歃血为盟，结为兄弟。

B. 有一个农村少年是在四川参加红军的，斯诺问他为什么参加。他告诉斯诺说，红军到他村子来时，全体农民都欢迎他们，只有地主逃跑了，因此他参加穷人的军队。

C. 斯诺认为，红军剧社的戏剧不仅仅是政治宣传，也不是滑稽戏，而是深刻的真理。

D. 斯诺到西安府不久，就去拜访当时陕西省绥靖公署主任杨虎城将军和陕西省主席邵力子。

4. 阅读选文，回答下列问题。

①在苏区，A的任务之一，是在后方检查过路旅客，看他们有没有路条。他们十分坚决地执行这项任务，把没有路条的旅客带到当地苏维埃去盘问。B告诉我，他有一次被几个A喝令站住，要看他的路条，否则就要逮捕他。

②“但是我就是B，”他说，“这些路条都是我开的。”

③“你是朱总司令我们也不管，”小鬼们不相信地说，“你得有个路条。”他们叫人来增援，于是有几个孩子从田里跑来。

④B只好写了路条，签了字，交给他们，才能够继续上路。

(选自第十篇《战争与和平》)

(1)根据《红星照耀中国》的内容，A是__________，B是__________(填人名)。

(2)斯诺在《红星照耀中国》里写道：“总的说来，红色中国中有一件事情，是很难找出有什么不对的，那就是‘小鬼’。”作为与当时的“红小鬼”同龄的少年，你认为他们在红军队伍中能起到怎样的作用？

____

____

____

5. 阅读材料，回答下列问题。

材料一　他是在红色区域进行采访的第一个西方新闻记者。　　——胡愈之

材料二　1936年，他冒着生命危险，穿越重重封锁，深入保安，深入根据地，深入西方媒体眼中的“土匪聚集的地方”，切实了解这些人的生活经历和革命精神。后来，他根据采访和考察得来的第一手资料，写成了一本书。

(1)材料中的“他”是谁？

____

____

(2)“他”写成的这本书是什么？曾易名为什么？

____

____

(3)从“他”写的这本书里找出一个你最喜爱

的人物，并作简单介绍。

____

____

____

6. 阅读选文，回答下列问题。

我父亲读过两年书，认识一些字，足够记账之用。我母亲完全不识字。两人都是农民家庭出身。我是家里的“读书人”。我熟读经书，可是不喜欢它们。我爱看的是中国旧小说，特别是关于造反的故事。我很小的时候，尽管老师严加防范，还是读了《精忠传》《水浒传》《隋唐演义》《三国演义》和《西游记》。这位老先生讨厌这些禁书，说它们是坏书。我常常在学堂里读这些书，老师走过来的时候就用一本正经书遮住。大多数同学也都是这样做的。许多故事，我们几乎背得出，而且反复讨论了许多次。关于这些故事，我们比村里的老人知道得还要多些。他们也喜欢这些故事，常常和我们互相讲述。我认为这些书大概对我影响很大，因为是在容易接受的年龄里读的。

(1)“这位老先生讨厌这些禁书，说它们是坏书。”老先生为什么说这些书是“坏书”？

____

____

____

(2)文中提到的“正经书”是指__________。

(3)从毛泽东少年时代喜欢看的书中可以看出他具有怎样的精神？

____

(4)“在容易接受的年龄里”，毛泽东从这些书中接受了什么？

____

____

____

7. 阅读选文，回答下列问题。

①预旺堡是位于宁夏东南部的一个古老的回民城池，现在成了一方面军司令部的驻地，我在这里找到了该军的参谋部和司令员彭德怀。

②我原来以为他是个疲惫的、板着脸的狂热领袖，身体也许已经垮了。结果我却发现彭德怀是个愉快爱笑的人，身体极为健康，只是肚子不好，这是在长征途上有一个星期硬着头皮吃没有煮过的麦粒和野草，又吃带有毒性的食物和几天颗粒不进的结果。

③我住在彭德怀设在预旺堡的司令部的院子里，因此我在前线常常看到他。附带说一句，司令部——当时指挥三万多军队——不过是一间简单的屋子，内设一张桌子和一条板凳，两只铁制的文件箱，红军自绘的地图，一台野战电话，一条毛巾，一只脸盆，和铺了他的毯子的炕。他同部下一样，只有两套制服，他们都不佩军衔领章。他有一件个人衣服，孩子气地感到很得意，那是在长征途上击下敌机后用缴获的降落伞做的背心。

④我必须承认彭德怀给我的印象很深。他的谈话举止里有一种开门见山、直截了当、不转弯抹角的作风很使我喜欢，这是中国人中不可多得的品质。他动作和说话都很敏捷，喜欢说说笑笑，很有才智，善于驰骋，又能吃苦耐劳，是个很活泼的人。这也许一半是由于他不吸烟、也不喝酒的缘故。有一天红二师进行演习，我正好同他在一起，要爬一座很陡峭的小山。“冲到顶上去！”彭德怀突然向他气喘吁吁的部下和我叫道。他像兔子一般蹿了出去，在我们之前到达山顶。又有一次，我们在骑马的时候，他又这

样叫了一声,提出挑战。从这一点和其他方面可以看出他精力过人。

(节选自第八篇《同红军在一起》,有删改)

(1)请结合选文和作品内容谈谈彭德怀的“愉快”体现在哪些方面。

______

______

______

(2)分析第④段中加点词语的表达效果。

______

______

______

二、中考真题

1. 名著阅读。

(1)走进作品,补全读书卡片。

读书卡片	
书名	①《______》
作者	②______
作品类型	纪实作品
作品简介	1936年,作者深入西方媒体眼中的“土匪聚集的地方”,客观真实地记录了他的所见所闻,向世人介绍了中国共产党和中国革命的发展历程。此书是“忠实描绘中国红色区域的第一本著作”。

(2)点赞“红星”,品评人物形象。

“红星”1:他面容瘦削,个子高出一般的中国人,背有些驼,一头浓密的黑发留得很长,双眼炯炯有神,鼻梁很高,颧骨凸出。我在一刹那间所得的印象,是一个非常精明的知识分子的面孔。

“红星”2:他个子清瘦,中等身材,骨骼小而结实,尽管胡子又长又黑,外表上仍不脱孩子气,又大又深的眼睛富于热情。他确乎有一种吸引力,似乎是羞怯、个人的魅力和领袖的自信的奇怪混合的产物。他讲英语有点迟缓,但相当准确。

①根据以上文段信息,写出这两位“红星”人物的姓名。

[甲]“红星”1:______

[乙]“红星”2:______

②从以上“红星”人物中选一位,结合原著中该人物事迹品评其形象。

______

______

2. 阅读下列名著片段,完成题目。

A一生的经历与中国民众的命运有不可分割的关系,从他的一生中可以看出红军奋斗的原因。

中国共产主义运动的历史进程,如果没有它的两个孪生天才“A、B”,是无法想象的,许多中国人实际上都把他们看作是一个人。B是这一斗争的冷静的政治头脑,A是它的热烈的心,以行动赋予了它生命。共产党所以能够对红军保持严密的控制,A对“文职”领导的忠诚和服从,是原因之一。从A、B以下直到各级指挥员和政治委员没有发生军政势力之间的斗争。A、B的联合不是互相竞争的,而是相辅相成的。A没有任何政治野心,他能接受命令,因此也能发布命令——这是革命军队的领导的一个很有价值的因素。

(有删改)

文段中所说的A是______(填人名),B是______(填人名)。从文段中可以看出,A的最优秀的品质是______

______。

《长征》(一)

考点达标

1. ________年,有一群共产党人为了追寻理想与信仰,为了改变国家与民族的命运,带领着一支队伍,以大无畏的牺牲精神穿越千难万险,用血肉之躯走出了一条光辉之路,这支队伍名叫________________,这条光辉之路名叫____________。他们从________(地名)出发,到红一、红二、红四方面军会师结束,总里程约为________里。

2. 闽浙赣根据地苏维埃政府主席是________,他在随红十军团伏击国民党军队时不幸被俘,后被杀害。

3. 红四方面军将领是________,他年仅三十四岁,身材单薄,沉默寡言,但指挥的军队却强悍威猛。

4. 红军长征途中,有几次重要的会师,____________是长征途中重大事件之一,红军先头部队于1935年6月14日到达________与________先头部队会师。

5. 红军第五次反"围剿"失利的主要原因是(　　)

A. 敌强我弱

B. 装备落后

C. 鄂豫皖等革命根据地反"围剿"失败

D. 错误的军事指导方针

6. 当年红军长征胜利到达陕北之后,毛泽东曾就长征作过如下精辟的总结:"长征是宣言书,长征是宣传队,长征是播种机。"红军长征胜利结束的标志是(　　)

A. 井冈山革命根据地的创立

B. 遵义会议的召开

C. 红军三大主力会师

D. 中央红军同陕北红军会师

7. 中央红军长征途中损失最大的是哪一次战役?简单描述此次战役。

____

____

____

8. 请说出红军长征途中有哪些重要的会议。(至少三个)

____

____

9. 阅读选文,回答下列问题。

红军占领镇子后,在所有的墙上写上了标语:饥民们!向土豪劣绅要粮!消灭一切不公平现象!然后,红军召开群众大会,把地主家的财物一一分给最贫困的人。广场上挤满了穷人,少年们攀在树上,一个红军干部站在广场中央开始演讲:"穷人过的是什么日子?……"……当天晚上,红军从这里出发,刚出镇子便发现队伍后面多了不少青年农民。农民们说他们要跟红军走,因为他们对红军很满意,如果能够发给他们一袋干粮和一支枪他们会更满意。

(1)文中的"攀"字表现出什么?

____

____

____

(2)结合选文,说说农民们为什么会跟着红军走。

____

____

____

《长征》(二)

考点达标

1. 著名作家__________历时六年、精心打造的巨著《长征》，从人类文明发展的高度重新认识了长征的重要意义，是红军长征胜利以来，第一部用__________的方式最全面地反映长征的文学作品。

2. 1935年1月，中国红军长征的路上，____________________的召开，使毛泽东获得了军事指挥权，从而改变了中国工农红军和中国革命的命运。

3. 二万五千里长征，是一次改变中国命运的征途，预示着“中国革命新的局面的开始”。“新的局面”是指(　　)

A. 中国共产党独立领导武装斗争

B. 确立了毛泽东的正确军事领导

C. 纠正了“左”倾冒险主义错误

D. 中共担负起中国革命的新任务

4. 下列表述不正确的一项是(　　)

A.《长征》全景式的写法，使得作品有着史诗般的宏大与庄严。

B. 在众多以长征为题材的文学作品中，王树增的长篇纪实文学《长征》是非常突出的一部。

C. 作者带着强烈的感情来表现长征中的“人”，其中有些细节进行了必要的文学虚构。

D. 作者在创作中着力发掘长征精神，他认为“坚定的信仰，这是长征留给我们非常宝贵的精神遗产”。

5. 请简述红军长征胜利的原因及意义。

____

____

____

____

____

6. 阅读下面的文段，回答问题。

乌江两岸悬崖陡峭，难以攀登，江道曲折，水流湍急，自古就有“乌江天堑”之说。在乌江的主要渡口上，黔军修建了坚固的防御工事，配置了主力部队和强大的火力。更严重的是，向中央红军包抄而来的国民党中央军，正全速向乌江方向推进，其中吴奇伟部的四个师和周浑元部的四个师距离乌江已不到一百公里。

文段中画线句子属于什么描写？有什么作用？

____

____

7. 阅读毛泽东的《七律·长征》，回答问题。

红军不怕远征难，万水千山只等闲。
五岭逶迤腾细浪，乌蒙磅礴走泥丸。
金沙水拍云崖暖，大渡桥横铁索寒。
更喜岷山千里雪，三军过后尽开颜。

(1)依据诗作内容，说明共产党人对待长征的态度。

____

____

____

(2)诗句“金沙水拍云崖暖，大渡桥横铁索寒。更喜岷山千里雪，三军过后尽开颜”反映了长征中的哪些具体事件？

____

____

____

____

《飞向太空港》(一)

考点达标

1.《飞向太空港》的作者是________，体裁是________________，这是一种介于新闻报道和文学作品之间的文学样式。

2. 1972年2月21日，美国总统____________正式访华。________年，中美建立了正式的外交关系。

3. ______________被称为“总总师”，他外表朴素，曾经由于衣着简朴，被宾馆服务员拦在门外。

4. “亚星”发射过程中，遇到的一个大障碍，就是______问题。在西昌发射场，一旦离开了_______，将会寸步难行。

5. 1956年，_________回国后第二年初，便向周恩来呈上了一份报告——《建立国防工业意见书》。

6. 为什么说1986年是世界航天史上的“大灾年”？

____

____

____

7. 有人说《飞向太空港》不是一篇简单的新闻报道，而是一部有血有泪的民族史诗。你怎么看待这部作品？

____

____

____

____

8. 阅读选文，回答下列问题。

①发射场坐落于群山环抱之中。应该说，发射场四周的山，才叫真正的山。那一座座山如同沉睡千年的少女，而今刚刚被人发现。如果你身临其境，便会看到，满山是树，满山是绿。幽谷是墨绿，坡地是深绿，山巅是翠绿；还有那数不清、看不尽、闻不够的山茶、杜鹃、兰草、野莓以及山泉、苔藓、溪流、深潭，无不飘荡着绿的色彩与绿的韵味。而那山，那水，那花，那草，与当今中国最现代化的发射塔架和指挥大楼同处一体，相映成趣，构成了一幅幅绝妙的稀世奇图。

②倘若漫步于山野之中，你会看到半山腰上的彝家山寨，山寨升起的袅袅炊烟；你会闻到野花的芳香，泥土的气息；同时你还会听到清泉的叮咚，松涛的轰鸣，山风的低语，小鸟的轻吟，以及那松针尖上的露珠洒落在野花的脖颈或蘑菇的头上时所发出的“滴答”“滴答”的声响。于是渐渐的，你会忘掉现代都市强加给你的种种忧愁与烦恼、名利与欲望，仿佛自己又回到了婴儿的摇篮，全身心地进入了一种物我两忘、心无旁骛的玄妙境界。

(节选自《我们都是地球人》)

(1)这两段文字描写了西昌卫星发射场周围的景色，请简要概括其主要特点。

____

____

____

(2)作者运用了多种手法来描写西昌发射场周围的美丽景色，请举例分析。

____

____

____

《飞向太空港》(二)

考点达标

1. 西昌位于________省的南部，地处成昆铁路中段，是凉山彝族自治州的首府，这里具有亚热带高原气候特征，享有“小春城”之美称，又被称为“____________”。彝族的重大节日是火把节。

2. 西昌卫星发射基地从1989年起，就同时面临三大任务：一是要抢建一座新的发射场；二是要发射中国第五颗同步通信卫星；三是要准备“_______________”卫星的发射。

3. 1984年初，中国购买的卫星还要用美国和法国的火箭发射，但也就在这一年，中国的“_______________”火箭在西昌把中国第一颗同步通信卫星送上了太空。

4. ______________是中国卫星发射测控系统部副主任。他认为中国的航天技术打入国际商业市场，正是___________的最好体现。

5. 1988年11月24日，中国谈判代表团前往_________谈判，团长是__________，谈判成功，“亚洲一号”卫星就能够出境。谈判从第一稿谈到第十稿，12月17日，终于草签了最后一个协议文件。

6. 中方通过预测，提出将发射日期定在________________，但在4月1日的“中外首脑协调会”上，亚洲卫星公司明确表示，他们决定将发射日期定在__________。

7. “中外首脑协调会”的气氛大多是友好宽松的，打赌是常用的一种玩笑方式。最活跃的两个“赌徒”，一个是基地副司令员、发射“亚星”的副指挥长__________，一个是加拿大的高级顾问___________________。

8. 1990年在中国发射“亚洲一号”卫星之前，世界航天界发生了哪几件航天事故？

____

____

____

9. 西昌作为理想的航天发射场，在地理条件上有哪些优势？

____

____

____

____

10. 阅读选文，回答下列问题。

两种方案在沈荣骏、副指挥长和几位老总的脑子里飞快地运转着。

但，他们很快发现，第三级火箭的增压是正常的，这说明液氢贮存箱没有问题，而且，正往外喷发的白烟在逐渐减弱……

于是，当他的目光与沈荣骏以及其他几位老总的目光短暂的会视后，凭着一种科学的推断，同时也凭着几十年的发射经验，他一拍大腿，便大胆而果断地向01指挥员穆山下达了命令：“点火！”

（有删改）

(1)上面的文字出自《_______________》，描写了“__________”卫星发射时的细节。

(2)火箭在升空前发生了意外——液氢可能发生渗漏，关键时刻副指挥长冷静处理，终于使卫星成功发射。这位副指挥长是谁？选文表现了他怎样的性格特点？

____

____

____

____

《昆虫记》(一)

一、考点达标

1.《昆虫记》中，下面哪种昆虫婚配后不会发生同类相食的现象？(　　)

A. 金步甲　　B. 朗格多克蝎

C. 灰蝗虫　　D. 螳螂

2.《昆虫记》是一部引人入胜的书。阅读《昆虫记》时我们能发现，整本书的章节在内容安排上有一个明显的特点是(　　)

A. 绝大多数章节主要写同类多种昆虫，突出一种昆虫。

B. 绝大多数章节只写一种昆虫，从各个角度展开描述。

C. 绝大多数章节写两种不同类的昆虫，进行对比分析。

D. 绝大多数章节写同类的多种昆虫，归纳它们的共性。

3.《昆虫记》向我们展示了形态各异的昆虫，请根据提示选择正确的昆虫名称。

①__________在啃食猎物之前，先对它施以麻醉，使之失去知觉。

②__________头部边缘是个帽子，宽大扁平，上有六个细尖齿，排成半圆。

③__________享有清洁工、挖土工、掩埋工之称，但住宅却建得极为简陋。

A. 圣甲虫　　B. 粪金龟　　C. 萤火虫

4. 法国昆虫学家__________的名著《昆虫记》是一部“昆虫的史诗”，在他笔下，__________外表纤细而优雅，却残忍如妖魔，甚至猎杀同类；________在搬运粪球回洞穴的过程中经常会被同类偷抢，但它们仍会重新开始搬运。

5.《昆虫记》中的昆虫名目众多，阅读时可以从不同角度对昆虫进行分类积累。阅读下面的表格，完成题目。

昆虫名	类别	思考
①______ 朗格多克蝎	弑亲者	在阅读《昆虫记》时，对昆虫进行分类整理有何作用？我的理解：______ __________ __________。
粪金龟 圣甲虫	________	
蝉 ②______	歌唱家	

(1)根据以下两段文字，在下面横线上写出①②两种昆虫的名称。

①他们看见在烈日烤炙的草地上有一只仪态万方的昆虫半昂着身子庄严地立着。只见它那宽阔薄透的绿翼像亚麻长裙似的掩在身后，两只前腿，可以说是两只胳膊，伸向天空，一副祈祷的架势。

②它的歌声是“格里—依—依”“格里—依—依”这种缓慢而柔和的声音，唱起来还微微发颤，使歌声更加悦耳动听。

①__________　②__________

(2)请给粪金龟和圣甲虫归类并起一个类别名称，说明命名理由。

类别名称：____________________

理由：____________________

(3)在阅读《昆虫记》时，对昆虫进行分类整理有什么作用？

我的理解：____________________

____

____

6. 阅读材料，回答下列问题。

材料一 古人认为蝉性高洁。“垂緌饮清露，流响出疏桐”，蝉脱壳飞到高高的树上，只饮露水，可谓出淤泥而不染，故而古人十分推崇。

材料二 在对某个事物说“是”以前，我要观察、触摸，而且不是一次，是两三次，甚至没完没了，直到没有任何怀疑为止。

(1)请指出材料一中古人对蝉生活习性的错误认识。

____

____

____

(2)你还能利用书中的知识重新认知一些昆虫吗？请结合《昆虫记》另举一例。

____

____

____

(3)结合材料二和《昆虫记》，谈谈作者法布尔在哪些方面值得我们学习。

____

____

____

7. 阅读文字，回答下列问题。

它，色彩丰富，身体是棕栗色，但胸部，尤其是内侧则是柔和的粉红色；它，看起来天真温顺，实则是食肉动物，一个打猎时手段毒辣得罕见的猎手；它常用亲吻般的“拉钩”将猎物麻醉，再享用大餐；它的尾部还会亮起一盏信号灯，让自己闪闪发光……

以上文字描述的“它”是指________，它的主要猎物是________。这种昆虫在________(国籍)昆虫学家________的《昆虫记》中有详细的说明。书中类似这种美丽的“杀手”，还有善于利用“心理战术”制服敌人的________。

8. 阅读文字，回答问题。

法布尔是第一位在自然环境中研究昆虫的科学家，他穷毕生之力深入昆虫世界，在自然环境中对昆虫进行观察与实验，真实地记录下昆虫的本能与习性，著成了《昆虫记》这部昆虫学巨著。法布尔的心中充满了对生命的关爱之情和对自然万物的赞美之情，他以人性观照虫性，昆虫的本能、习性、劳动、婚恋、繁衍和死亡无不渗透着人文关怀；并以虫性反观社会人生，睿智的哲思跃然纸上。

“他以人性观照虫性……并以虫性反观社会人生，睿智的哲思跃然纸上。”请结合《昆虫记》，探究“人性观照虫性，虫性反观人性”的深刻内涵。

____

____

____

二、中考真题

下面是班级“科普作品·智慧之光”小组阅读成果分享现场。请你结合《昆虫记》的内容，补充丙同学的发言。

甲：科普作品中呈现的科学研究方法闪耀着智慧之光，尤其是“先假设后求证”的研究方法，同学们在阅读中感受最深，让我们一起来分享。

乙：好。我发现，科学工作者往往循着“提出假设—用实验或数据分析等推理求证—得出结论”的路径进行研究。下面，我们请丙同学说一个具体的例子。

丙：______________________________

____

甲：说得真好，这样的研究方法充满智慧。让我们在阅读中获得真知，让科学的光芒照亮自己。

《昆虫记》(二)

一、考点达标

1. 下列对《昆虫记》的表述不正确的一项是 ( )

A.《昆虫记》是法国昆虫学家法布尔的一部科普巨著。

B.《昆虫记》堪称是科学与文学结合的完美典范,无愧于"昆虫的史诗"之美誉。

C. 法布尔研究昆虫的方法独特,他经常将昆虫放在盒子里、浸在酒精里,观察、研究昆虫的本能和习性。

D. 法布尔从不满足于仅仅研究、记录昆虫的生活,他关注的是昆虫的生命过程。

2. 下列对《昆虫记》的表述,错误的一项是 ( )

A.《昆虫记》是优秀的科普著作,也是公认的文学经典,是"讲昆虫生活"的楷模。

B.《昆虫记》的作者是英国人法布尔,该书又译为《昆虫物语》或《昆虫学札记》。

C.《昆虫记》中,昆虫们的一举一动都被赋予了人的思想感情。

D.《昆虫记》中,法布尔不但仔细观察食粪虫劳动的过程,而且不无爱怜地称它们为"清道夫"。

3. 某书店关于《昆虫记》的宣传海报上写着"感受自然之真,体会人文之暖",请结合作品内容简要分析,《昆虫记》是如何体现"自然之真"和"人文之暖"的。

______

______

______

______

4. 阅读文字,根据要求完成下列题目。

一个人耗尽一生的光阴来观察、研究昆虫,已经算是奇迹了;一个人一生专为昆虫写出十卷大部头书,更不能不说是奇迹。这些奇迹的创造者就是法布尔,他的《昆虫记》被誉为"昆虫的史诗"。

(1)《昆虫记》中,__________在地下"潜伏"四年;__________善于利用"心理战术"制服敌人。

(2)《昆虫记》被奉为"讲昆虫生活"的楷模,其原因是什么?

______

______

______

5. 阅读选文,回答下列问题。

在这群冲锋陷阵的强盗中,最大胆最坚决的就是蚂蚁。我看见有一些蚂蚁在咬蝉爪,还看见一些蚂蚁在扯蝉翼尖,趁势爬上蝉背,挠蝉的触角。一只胆大包天的蚂蚁就在我的眼前咬着蝉的吸管,拼命地往外拽。

(1)以上文字选自《__________》,作者是________。

(2)文中分别体现了作者对蚂蚁和蝉的什么态度?

______

______

______

(3)请你至少写出一种该书中描绘的昆虫并简要概括其特点。(蚂蚁和蝉除外)

______

______

______

6. 名著阅读。

《昆虫记》被誉为“昆虫的史诗”。法布尔将科学知识、科学精神，以及对生命的热爱与敬畏熔铸于《昆虫记》中，为它注入了灵魂与生气。我们可以从科学性与人文性的角度对作品进行深入阅读。

(1)请你将下面的知识卡片补充完整。

档案信息	内容
名字(学名、俗名)	________
外形(成虫、幼虫)	六只短足，两片钩状的颚。完全发育的雄性会生出翅膀，雌性终生处于幼虫状态。屁股上面挂一只小灯笼。
食性	食肉动物，它的猎物通常是________。捕猎时，先用钩状的颚击打猎物的外膜，施行“麻醉手术”，再进食。
婚配与繁殖	雌性尾部的“灯笼”是它求偶的手段，雄性求偶时拥有巨大的复眼，几乎占据整张脸。交配时尾部的“灯”光会变弱。它们无夫妻感情、无家庭观念。往往产卵后，把卵抛撒在随便什么地方。

(2)法布尔的语言除了有科学的严谨性，又兼具文学语言的特点。下面两则材料均描写螳螂的外形，比一比，说说你更喜欢哪则材料的语言，为什么。

材料一 体形矫健，上衣雅致，体色淡绿，薄翼修长。它没有张开如剪刀般的凶残大颚，相反却小嘴尖尖。它的大腿更加长，宛如扁平的纺锤，前半段内侧有两行尖利的齿刺。

(节选自《昆虫记》)

材料二 昆虫，全身绿色或土黄色，头呈三角形，触角呈丝状，胸部细长，有翅两对，前腿呈镰刀状。

(《现代汉语词典》)

我选________，原因是____。

7. 阅读选文，回答下列问题。

①随后，这位运土小工又变成了粮食寻觅者，到处去收集粮食，为孩子们准备吃的东西。为了减轻妻子剥皮、分拣、装料的工作，它又当上了磨面工。在离洞底一定的距离处，它在研碎被太阳晒干晒硬了的粮食，加工成粗粉、细粉；面粉不停地纷纷散落在女面包师的面包房内。最后，它精疲力竭地离开了家，在洞外露天地里凄然地死去。它英勇不屈地尽了自己作为父亲的职责，它为了自己的家人过得幸福而做出了无私的奉献。

②这个可恶的强徒恐怕不会在我的花园里给我留下一只蟋蟀的。它抓住可怜的小家伙们，咬破它们的肚皮，疯狂地大嚼一通。啊！该死的恶虫！可我们一直把它视为第一流的昆虫呢！书本上在赞扬，对它还赞不绝口；博物学家们把它们捧上了天，每天都在为它们锦上添花；动物界同人类一样，让自己威声远扬的办法有千万种，但最可靠的办法则是损人利己，这是千真万确的道理。

③被咬者没做什么抵抗，只是徒劳地在挣扎，以求摆脱。最后，皮开肉裂，伤口扩大，内脏被悍妇拽出吞食。那悍妇把头扎进其同伴的肚子里，把它掏成个空壳。可怜的受害者爪子一阵颤动，表明已小命休矣。刽子手并未因此心软，继续尽可能地往腹部深深掏挖。

(1)以上三个片段选自法布尔的《昆虫记》，它们描写的昆虫分别是(　　)

A. ①米诺多蒂菲　②朗格多克蝎　③大头黑步甲

B. ①米诺多蒂菲　②蚂蚁　③金步甲

C. ①法那斯米隆　②蚂蚁　③金步甲

D. ①法那斯米隆　②朗格多克蝎　③大头黑步甲

(2)请结合选文内容分析作者的语言特点。

____

____

____

(3)请结合选文内容，探究《昆虫记》用“虫性反观人性”的艺术特色。

____

____

____

____

8. 阅读选文，回答下列问题。

①在我们那片地区，最引人注目的便是象态橡栗象。它的名字起得真妙！让人产生好多联想啊！啊！瞧它那副滑稽相，嘴上还叼着一只长烟斗哩！这烟斗细如马鬃，棕红色，几乎笔直，其长无比，以致橡栗象只好斜着身子，让它伸直，免得折断，像头前伸出一支长矛似的。这么长的一根尖桩，这么一个怪鼻子，橡栗象用它来干什么呀？

②整个十月份，必要时求助手们帮忙，我查看了没被下卵的许多钻井。观察的时间长短不一，一般是两个小时，有时候达到或者超过半天。

③妈妈在喂婴儿喝粥之前，也都先用嘴唇去试试粥的凉热。雌性象态橡栗象也是以同样的慈母心这么去对待自己的幼虫。它把长鼻尖端伸到井底深处，看看里面的食物情况，然后再留下给自己的孩子。如果井底食物令它满意，它就把卵产下来；如果食物令它不满意，它就不再多往下钻探，弃之而去。这就可以解释为什么它钻了半天而弃之不用了。那是因为再钻下去也没有用处，井底的食物经仔细鉴定不符合要求。为了自家孩子的第一口食物，这些象态橡栗象多么细心，多么挑剔啊！

（节选自《象态橡栗象》）

(1)结合《昆虫记》和选文内容，说说象态橡栗象长长的怪鼻子是用来做什么的。

____

____

____

(2)结合第③段，简要概括象态橡栗象的形象特征。

____

____

(3)选文体现了作者的什么精神？

____

____

____

二、中考真题

阅读下面的文字，完成后面的题目。

他用所有的财富换来了一所坐落于小镇上的旧民宅。他给这个居所取了一个风趣的雅号——荒石园。他穿着农民的粗呢子外套，整日辛勤种植。终于，百花争妍，灌木成丛，一座百虫乐园建成了。从此，他守着心爱的荒石园，不知疲倦地从事着独具特色的昆虫学研究，终于硕果累累。

材料中的“他”是______________，________国人，代表作品是《______________》。

《昆虫记》(三)

一、考点达标

1. 根据你对法布尔《昆虫记》的了解，下列不是评论法布尔《昆虫记》的一项是(　　)

A. 法布尔像侦探似的长时间追踪观察昆虫，研究昆虫的本能和习性，记录了各种昆虫真实的生活状态。

B. 法布尔以人性观照虫性，熔毕生的研究成果和人生感悟于一炉，《昆虫记》处处洋溢着对生命的尊重，对自然万物的赞美。

C. 法布尔像哲学家一般地思考，像美术家一般地观察，像文学家一般地感受且抒写，塑造了一个精彩纷呈的昆虫世界。

D. 法布尔在《昆虫记》中尖锐地指出农药的使用严重污染了自然环境，旨在唤醒民众的环保意识，提议人们要热爱昆虫。

2. 下列关于《昆虫记》的内容表述不正确的一项是(　　)

A. 小头，大嘴，身着缀有褐色斑点的灰衣裳，长有扁平鞘翅，尾根有两个大黑痣，身材矮粗，这就是豌豆象的大致模样。

B. 螳螂、朗格多克蝎和金步甲这三类昆虫交尾后，雌性便会把雄性当成猎物吃掉。作者证实，螳螂的卵囊用来治疗冻疮毫无疗效。

C. 萤火虫通常以植物的茎叶为食，它们的卵不会发光，成长为幼虫后直至寿终正寝就都一直在发光了。

D. 意大利蟋蟀习惯在夏天的夜间活动。在遇到危险时，它们会利用声音的强弱、响亮、沉闷变化，使人产生距离上的错觉。

3. 阅读选文，回答下列问题。

你们是把昆虫开膛破肚，而我是在它们活蹦乱跳的情况下进行研究；你们把昆虫变成一堆既可怖又可怜的东西，而我则使得人们喜欢它们；你们在酷刑室和碎尸场里工作，而我是在蔚蓝的天空下，在鸣蝉的歌声中观察；你们用试剂测试蜂房和原生质，而我却研究本能的最高表现；你们探究死亡，而我却探究生命。

这里的“我”是____________，他一反常规，用________和实验的方法来研究昆虫的本能和习性。他的名著《昆虫记》，堪称科学与文学完美结合的典范，赢得了“____________________”的美誉。

4. 本学期，小明所在的光明中学八年级(1)班为了更好地开展名著阅读交流活动，创建了一个关于名著阅读的班级微信群。请你根据要求，完成下列各题。

(1)《昆虫记》初读阶段结束后，语文课代表为活跃群内气氛，建议所有人把头像都换成《昆虫记》中自己喜欢的昆虫图片。同学们纷纷响应，有的选螳螂，有的选萤火虫，有的选蟋蟀……小明却迟迟不能选定。如果小明向你寻求帮助，你会建议小明选择____________(昆虫名称)做头像，理由是____。

(2)《昆虫记》被誉为“昆虫的史诗”，如果你向邻班的同学推荐这本书，请写出推荐的理由。

____

5. 阅读选文，回答问题。

巴金说：“《昆虫记》熔作者毕生的研究成果和人生感悟于一炉，以人性观察虫性，将昆虫世界化作供人类获取知识、趣味、美感和思想的美文。”

请从“知识”“趣味”“美感”“思想”中任选一个关键词，结合原著内容谈谈你对这个词的理解。（不超过80字）

______

______

______

______

6. 阅读选文，回答下列问题。

喏，这个尿泉就是谜底。幼虫在向前挖掘时，也随时把粉状泥土浇湿，使之成为糊状，并立即用身子把糊状泥压贴在洞壁上。这具有弹性的湿土便糊在了原先干燥的土上，形成泥浆，渗进粗糙的泥土缝隙中去。拌得最稀的泥浆渗透到最里层；剩下的则被幼虫再次挤压，堆积，涂在空余的间隙中。这样一来，坑道便畅通无阻了，一点浮土都不见了，因为已被就地和成了泥浆，比原先的没被钻透的泥土更瓷实、更匀称。

幼虫就是在这黏糊糊的泥浆中干活儿来着，所以当它从极其干燥的地下出来时便浑身泥污，让人觉得十分蹊跷。

(1)以上文字选自________的《__________》，这是一部研究昆虫的巨著。

(2)上文描述的对象是谁？请说说它有哪些特点。

______

______

______

______

二、中考真题

阅读下面的文段，回答问题。

狼蛛的猎食

①在狼蛛还年幼的时候，它还没有一个藏身的洞，不能躲在洞里“守洞待虫”，不过它有另外一种觅食的方法。那时它也有一个灰色的身体，像别的大狼蛛一样，就是没有黑绒腰裙——那个要到结婚年龄时才能拥有。它在草丛里徘徊着，这是真正的打猎。当小狼蛛看到一种它想吃的猎物，就冲过去蛮横地把它赶出巢，然后紧追不舍，那亡命者正预备起飞逃走，可是往往来不及了——小狼蛛已经扑上去把它逮住了。

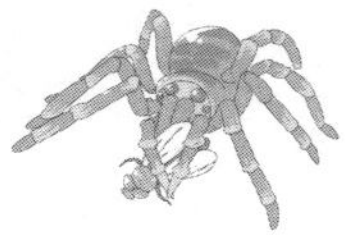

②我喜欢欣赏我那实验室里的小狼蛛捕捉苍蝇时那种敏捷的动作。苍蝇虽然常常歇在两寸高的草上，可是只要狼蛛猛然一跃，就能把它捉住。猫捉老鼠都没有那么敏捷。

③但是这只是狼蛛小时候的故事，因为它们身体比较轻巧，行动不受任何限制，可以随心所欲。以后它们要带着卵跑，不能任意地东跳西窜了。所以它就先替自己挖个洞，整天在洞口守候着，这便是成年狼蛛的猎食方式。

（节选自法布尔《昆虫记》）

(1)指出第①②段中画线句子使用的说明方法，并说明其作用。

______

______

______

(2)第③段中“不受任何限制”中的“任何”能否去掉？为什么？

______

______

______

《昆虫记》(四)

一、考点达标

1. 关于《昆虫记》,以下说法错误的一项是(　　)

A. 萤火虫的卵在雌萤火虫肚子里时就是发光的。

B. 两条发光的宽带是雌萤火虫发育成熟的标志。

C. 蟋蟀产卵量大,幼虫存活率高。

D. 蟋蟀总是在吃剩的莴苣叶遮盖的地方做窝。

2. 下列各项中,对《昆虫记》评价不当的一项是(　　)

A.《昆虫记》熔作者毕生的研究成果和人生感悟于一炉,以人性观照虫性,又用虫性反观社会人生,将昆虫世界化作供人类获取知识、趣味、美感和思想的美文。

B. 作者通过仔细观察后,深刻地描绘了多种昆虫的生活,真实地记录了昆虫的本能、习性、活动、婚恋、繁衍和死亡,种种描写无不渗透着作者对人类的思考,睿智和哲思跃然纸上。

C.《昆虫记》行文生动活泼,语调轻松诙谐,充满了盎然的情趣。

D.《昆虫记》不仅是一部研究昆虫的科学巨著,同时也是一部讴歌生命的宏伟诗篇,作者也因此获得了诺贝尔奖。

3. 阅读选文,回答下列问题。

【甲】反正,在我的笼子里,大胆的女猎手在任何猎物前都没有退缩过。无论是灰蝗虫还是螽斯,也无论是圆网蛛还是冠冕蛛,迟早都逃不脱它的利爪,在它的锯齿内动弹不得,被它津津有味地嚼食。

【乙】它没有黑色外套……它细长、瘦弱、苍白,几乎全白,正适合夜间活动的习惯要求。你捏在手里都生怕把它捏碎。它在各种小灌木上,在高高的草丛中,跳来蹦去,很少待在地上生活。从七月一直到十月,它们日落时分开始歌唱,一直唱到大半夜,是一场悦耳动听的音乐会。

(1)选段中的昆虫分别是____________、____________。

(2)请结合《昆虫记》,说说【甲】文中昆虫的特点。

____

____

____

4. 名著阅读。

(1)法布尔的《昆虫记》自1923年经周作人介绍至国内,近百年来,不断有出版社翻译整理,可以称得上是一部影响了几代人的经典著作。比较对照下面两个翻译内容,说说你更喜欢哪一个,并简述理由。

花城出版社《绿蚱蜢》	译林出版社《绿蝈蝈儿》
"我甚至见到过胆量过人的蚱蜢蹿起追扑晕头转向乱飞逃命的蝉,犹如在高空中追逐云雀的苍鹰。与胆量过人的蚱蜢相比,猛禽略逊一筹。"	"我甚至曾经目睹过蝈蝈儿追捕蝉的情景,它勇气百倍。而蝉则惊慌失措,飞行着逃窜。这就好像是雀鹰在高空中追捕云雀一样。不过,这靠掠夺为生的鸟儿却及不上蝈蝈儿。"

____

____

____

(2)网友“静水流深”在对《昆虫记》的书评中写道：“透过这厚厚的书，人们能看到的不仅仅是奇异的昆虫世界，还有一个科学家闪光的人格。”请你结合《昆虫记》，举例谈谈对这句话的理解。

____

____

5. 阅读选文，回答下列问题。

现在，解剖家跑来啰唆了，粗暴地对蟋蟀说：“把你那唱歌的玩意儿让我们瞧瞧。”它的乐器极其简单，如同真正有价值的一切东西一样；它与螽斯的乐器原理相同：带齿条的琴弓和振动膜。

……所以，它发出的声音是多么雄浑有力啊！螽斯只有一个不起眼的镜膜，声音只能传到几步远的地方，而蟋蟀有四个振动器，歌声可以传到数百米以外。

(1)田野地头的蟋蟀与螽斯发音原理相同，为什么田野地头的蟋蟀可以发出雄浑有力的声音？

____

____

(2)同样是研究，但是法布尔却在选文中说解剖家是“啰唆”“粗暴”的，请谈谈你对这两个词语的理解。

____

____

____

6. 阅读选文，回答下列问题。

要挖洞筑室的蝉，在开始为未来的地道下手之前，总要在一个新鲜的小树根的近旁寻觅一番。它把一点根须刨出来，嵌于洞壁，而又不让根须突出壁外。这墙壁上的有生命的地点，我想就是液汁泉，幼虫尿袋在需要时就可以从那儿得到补充。如果由于用干土和泥而把尿袋用光了，幼虫矿工便下到自己的小屋里去，把吸管插进根须，从那取之不尽的水桶里吸足了水。尿袋灌满之后，它便重新爬上去，继续干活儿，把硬土弄湿，用爪子拍打，再把身边的泥浆拍实，压紧，抹平，畅通无阻的通道便做成了。

(1)概括选文的主要内容。

____

____

(2)通过阅读《昆虫记》，你一定还了解了其他昆虫在习性、劳动、繁衍等方面的奥秘，试举一例，并简单描述。

____

____

____

____

二、中考真题

阅读下面的名著选段，回答问题。

一看见靠近的大蝗虫，螳螂痉挛似的一颤，突然摆出吓人的姿态。……鞘翅随即张开，斜掩在两侧；双翼整个儿展开来，似两张平行的船帆立着，宛如脊背上竖起阔大的鸡冠；腹端蜷成曲棍状，先翘起来，然后放下，再突然一抖，放松下来，随即发出噗噗的声响。身子傲岸地支在四条后腿上，上身几乎呈垂直状。原先收缩相互贴在胸前的劫持爪，现在完全张开，呈十字形挺出，露出装点着排排珍珠粒的腋窝，中间还露出一个白心黑圆点。

(1)这段文字出自法国昆虫学家法布尔的《______________》。

(2)本选段细致入微地刻画了螳螂____________________时的动作，生动地表现了螳螂____________________的特点。

《昆虫记》(五)

一、考点达标

1. 下列关于《昆虫记》的表述,不正确的一项是(　　)

A. 食粪虫是大自然的清洁工,有效地保护了田野里的环境卫生。

B.《昆虫记》中的蝉要在地下潜伏四年,才能钻出地面,在阳光下歌唱五个星期。

C. 大头黑步甲非常善于装死,有时能持续几十分钟。

D. 菜豆象专吃新鲜的菜豆,破坏力十分惊人。

2. 关于《昆虫记》的说法,下列选项中错误的一项是(　　)

A.《昆虫记》是法布尔花了三十年时间写的十卷科普巨著。

B.《昆虫记》的作者把昆虫放在盒子里、浸在酒精里细致地研究昆虫。

C.《昆虫记》语言诙谐,行文活泼,作者被称为"掌握田野无数小虫子秘密的语言大师"。

D.《昆虫记》被鲁迅先生称为"一部很有趣,也很有益的书"。

3. 读完《昆虫记》,小语惊叹于法布尔独特的研究方法:以野外观察法研究自然界中的生灵。请你完成以下任务,与小语一起跟着法布尔学观察,体会其科研精神。

研究方法	具体事件	科研精神
观察法	(1)观察蝉从蜕变到飞走的过程。 (2)①____________。 (3)观察连续十二小时进食的圣甲虫。	②____________

4. 阅读选文,回答下列问题。

<u>　A　</u>的歌声是"格里—依—依""格里—依—依"这种缓慢而柔和的声音,唱起来还微微发颤,使歌声更加悦耳动听。你一听就会猜想到它的振动膜是极其细薄而宽大的。如果它待在叶丛中无人惊扰的话,它的声音就不会变化,但稍有动静,这位歌手便立即改用腹部发声。

这证明<u>　B　</u>是个嗜食昆虫者,尤其爱吃没有过硬甲胄保护的那些昆虫;这还证明它们特别喜欢肉食,但又像螳螂那样只吃自己捕获的猎物。这个蝉的刽子手还知道肉食热量太高,须用素食加以调剂。吃完肉喝完血之后,还要来点水果什么的,有时候,实在没有水果,来点草吃吃也是可以的。

(1)作者对于昆虫形态、____________、劳动、繁衍和死亡的描述,处处洋溢着对____________的尊重和对自然万物的赞美。

(2)文段中的A和B分别写的是哪两种昆虫?

____

5. 周作人阅读《昆虫记》后说:"见到这位科学的诗人的著作,不禁引起旧事,羡慕有这样好书看的别国的少年。"结合下面文段,探究周作人称赞法布尔是"科学的诗人"的原因。

如果不提它置人于死地的工具,螳螂其实没有什么可以让人担惊受怕的。它甚至不乏典雅优美,因为它体形矫健,上衣雅致,体色淡绿,薄翼修长。它没有张开如剪刀般的凶残大颚,相反却小嘴尖尖,好像生就是用来啄食的。借助从前胸伸出的柔软脖颈,它的头可以转动,左右旋转,俯仰自如。昆虫之中,唯有螳螂引导目光,可以观察,可以打量，几乎还带面部表情。

二、中考真题

阅读《昆虫记》节选，完成题目。

①蝉是非常喜欢唱歌的。它翼后的空腔里带有一种像钹一样的乐器。它还不满足，还要在胸部安置一种响板，以增加声音的强度。因为有这种巨大的响板，使得生命器官都无处安置，只得把它们压紧到身体最小的角落里。当然了，要热心委身于音乐，那么只有缩小内部的器官来安置乐器了。

②但是不幸得很，它这样喜欢的音乐，对于别人，却完全不能引起兴趣。就是我也还没有发现它唱歌的目的。通常的猜想以为它是在叫喊同伴，然而事实明显，这个意见是错误的。

③蝉与我比邻相守，到现在已有十五年了，每个夏天差不多有两个月之久，它们总不离我的视线，而歌声也不离我的耳畔。我通常都看见它们在梧桐树的柔枝上，排成一列，歌唱者和它的伴侣比肩而坐。吸管插到树皮里，动也不动地狂饮，夕阳西下，它们就沿着树枝用慢而且稳的脚步，寻找温暖的地方。无论在饮水或行动时，它们从未停止过歌唱。

④所以这样看起来，它们并不是叫喊同伴，你想想看，如果你的同伴在你面前，你大概不会费掉整月的功夫叫喊他们吧！

⑤其实，照我想，便是蝉自己也听不见所唱的歌曲。不过是想用这种强硬的方法，强迫他人去听而已。

⑥它有非常清晰的视觉，只要看到有谁跑来，它会立刻停止歌唱，悄然飞去。然而喧哗却不足以惊扰它。你尽管站在它的背后讲话，吹哨子、拍手、撞石子，这镇静的蝉却仍然继续发声，好像没事儿人一样。

⑦有一回，我借来两支乡下人办喜事用的土铳，里面装满火药，将它放在门外的梧桐树下。我们很小心地把窗打开，以防玻璃被震破。

⑧我们六个人等在下面，热心倾听头顶上的乐队会受到什么影响。“砰！”枪放出去，声如霹雷。

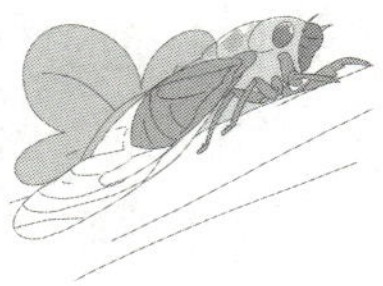

⑨一点没有受到影响，它仍然继续歌唱。它既没有表现出一点儿惊慌扰乱之状，声音的质与量也没有一点轻微的改变。第二枪和第一枪一样，也没有发生影响。

⑩我想，经过这次试验，我们可以确定，蝉是听不见的，好像一个极聋的聋子，它对自己所发的声音是一点也感觉不到的！

(1)蝉的歌唱源于它怎样的身体构造？

(2)第③段画线句子语言有什么特色？请略做分析。

(3)第⑦至⑩段写了什么事？从中可以看出作者具有怎样的治学态度？

(4)“垂緌饮清露，流响出疏桐。居高声自远，非是藉秋风。”虞世南的《蝉》和法布尔的《蝉》都写了蝉鸣，其用意有何不同？

《昆虫记》(六)

一、考点达标

1. 下列对《昆虫记》内容的表述错误的一项是( )

A. 大孔雀蝶非常美丽，但幼虫却十分丑陋。

B. 雄性小阔条纹蝶通过嗅觉寻找远方的异性。

C. 隧蜂进出洞穴时十分谦让。

D. 朗格多克蝎是卵生动物而非胎生。

2. 被达尔文赞美为“无与伦比的观察家”的法布尔穷毕生精力，完成了《昆虫记》，他在撰写《昆虫记》的过程中，主要采用下列哪种研究动物行为的方法？( )

A. 解剖法 B. 观察法

C. 调查法 D. 文献法

3. 根据提示写出正确的昆虫名称。

(1)它是一个凶狠的剖腹杀手，而且非常善于装死，但是感到生命受到威胁时会立即结束装死状态。________

(2)它被称为“和平居民的老虎”，有着漂亮的外貌和凶残的习性，擅长运用心理战术。

____

(3)它能够掩埋带菌物质，解决乡村环境问题，是大自然的清洁工，但经常不被理解，背负着恶名。________

4. 阅读选文，回答下列问题。

它的毒外表看上去好似水一般，但毒性极强。毒腔终端是一个弯弯的螯针，色暗，尖利。针尖不远处有一细小的孔，用放大镜方能隐约瞥见，毒汁从这细孔流出，渗进被尖头刺破的对方伤口。螯针既硬又尖，我用指头捏住螯针，让它扎一张硬纸片，它就像缝衣针扎衣服似的容易。

(1)这段文字主要描写的对象是________。

(2)结合《昆虫记》，简要列举几条它的特点。

____

____

5. 下面是法布尔《昆虫记》中的一个精彩片段，请就动作描写进行赏析。

据说，小鸟见到蛇张开的大嘴会吓瘫，看见蛇的凶狠目光会动弹不得，任由对方吞食。许多时候，蝗虫差不多也是这么一种状态。现在它已落入对方威慑的范围。螳螂将两只大弯钩猛压下来，爪子一抓，双锯合拢，夹紧。不幸的蝗虫已无还手之力：它的大颚咬不着螳螂，后腿只是胡乱地蹬踢。它的小命休矣。螳螂收起它的战旗——翅膀，复现常态，开始美餐。

____

____

____

____

6. 批注，是指阅读时在文章空白处对文章加批语和注解，作用是帮助自己掌握书中的内容，有感悟、质疑、联想、赏析等形式，是阅读者自身感受的笔录，体现着阅读者别样的眼光和情怀。请阅读下面的语段，写一条批注。

我小心翼翼地用刀尖挑破葫芦。在一个同质的均匀内壁——我的三个标品中最大的一个的内壁竟厚达两厘米——中，嵌着一个圆圆的核，满满当当地充填在内壁孔洞里，却与内壁毫不粘贴，所以可以自由地晃动，因此我摇动时就听见了响声。

批注：________

____

____

7. 经过一年的筹备，介绍昆虫学家法布尔及其作品《昆虫记》的电视剧终于开拍了。作为志愿者，你顺利进入了剧组，于是，一波波任务向你涌来。

(1)饰演杨柳天牛和刚刚蜕皮的蝉的演员正在化妆，请你帮他们挑选演出服。请把你为他们选的服装写在相应的横线上。

杨柳天牛：____________________

刚刚蜕皮的蝉：____________________

(2)剧中有一场法布尔反驳当时的一些昆虫学家对他的责难的戏，导演认为法布尔的台词没有表现出他与一般昆虫学家研究方法的不同，以及产生这种不同的思想基础。请你帮编剧重新设计这段台词。要求简明、连贯、得体。(要求：100—120字)

____

____

____

____

8. 阅读选文，回答下列问题。

它头部边缘是个帽子，宽大扁平，上有六个细尖齿，排成半圆。这就是它的挖掘和切割工具，是它的叉耙，可以用来撬起和抛撒无养分的植物纤维，把好东西耙在一起积聚起来。挑选食物就是这样进行的，因为对于这些精细的行家来说，什么好什么差它们是十分清楚的。如果它是为自己寻找食物的，它们选个差不离儿就行了，但如果是为了自己的孩子考虑的，那它们则会严格挑选，一丝不苟。(有删改)

(1)选文中的“它”是____________________。

(2)它们为自己和为孩子寻找食物有什么不同？

____

____

____

(3)结合《昆虫记》，说说它的粪球有什么特点和作用。

____

____

____

9. 阅读选文，回答下列问题。

意大利蟋蟀

①两片鞘翅都是由一片宽大的半透明干膜构成，薄如白色洋葱片，能够整个儿地震颤。鞘翅状如圆的一端，上端略小。圆的这一端按一条粗重纵翅脉折成直角，再以鞘翅凸边沿体侧往下，在蟋蟀休息时，包住其身体。

②当蟋蟀放声歌唱时，左右鞘翅高高地竖起，宛如一张薄纱船帆，只是内边缘相互接触。这时候的左右两把琴弓是彼此斜着咬合着的，它们相互摩擦便使得绷得紧紧的薄膜产生强烈的震颤。

③根据每把琴弓是在另一个鞘翅的胼胝(其本身也是粗糙的)上还是在四条光滑的辐射翅脉中的一条上摩擦，蟋蟀发出的声音则有所不同。这也许部分地解释了为什么胆小的蟋蟀怀疑遇到危险时会用声音迷惑我们，让人觉得声音发自前后左右，难以捉摸。

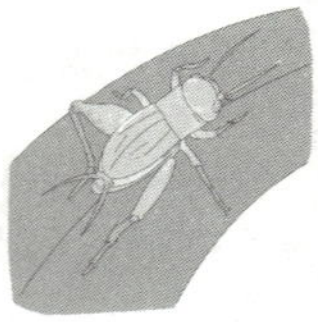

④声音的强弱、响亮、沉闷变化，使人产生距离上的错觉，这是蟋蟀这个腹语者的高超艺术手段，而这种错觉的产生还有另一个原因，这是很容易发现的。声音响亮时，鞘翅是完全竖起的；声音沉闷时，鞘翅则多少有点下垂。当鞘翅处于下垂状态时，其外侧边缘不同程度地压在蟋蟀柔软的侧部，从而随之

减小了振动部分的面积，声音也就随之变小。

⑤用手指触摸敲响的玻璃杯，它便声音发闷，仿佛是从远处传来。灰白色蟋蟀深谙这个声学奥秘。当有人去捉它时，它便把振动片的边缘压在柔软的肚腹上，使人不知它身在何处。我们的乐器有制振器、消音器，意大利蟋蟀的制振器、消音器可与之媲美，而且结构简单，功效奇佳，胜我们一筹。

⑥田间地头的蟋蟀及其同类昆虫也使用这种消音办法，把鞘翅边缘压在肚腹或高或低处，以减轻振动，但是它们中没有谁能像意大利蟋蟀的本事那么大，能产生如此神奇的效果。

⑦我们的脚步声一靠近，哪怕是极轻极轻的，蟋蟀就会用这种办法对付我们，使我们产生错觉。除此而外，它的声音还非常纯正，带有柔和的颤音。仲夏夜，万籁俱寂时，还有哪种昆虫的鸣叫胜过意大利蟋蟀的？那么优美，那么清脆。我不知有多少次，席地躺在迷迭香花丛中躲着，偷听那美妙迷人的音乐演唱会啊！

(1)从文中找出作者对意大利蟋蟀的称呼，并说说这样写有什么效果。

____

____

____

(2)当四周有动静时，意大利蟋蟀的鸣叫声为什么会发生变化？

____

____

____

(3)结合《昆虫记》，说说作者为什么会对意大利蟋蟀如此喜爱。

____

____

____

(4)蟋蟀的叫声很常见，但作者却能将这常见的叫声写得如此细致、生动，从这里你得到了什么启示？

____

____

____

二、中考真题

读下面的文字，回答问题。

萤火虫是大家都很熟悉的一种昆虫，即使你没有亲眼见过，也至少听说过它的名字。

萤火虫的肚子顶端会发出微弱的光亮，就好像是挂了一盏小灯。在宁静的夏夜，你经常会看到它们在草丛中游荡。

萤火虫长着三对短短的腿，它们利用这三对小短腿迈着碎步跑动。雄性萤火虫到了成虫时期，会长出鞘翅，就像其他甲虫一样。而雌虫则永远都保持着幼虫阶段的形态，无法享受飞翔的快乐。萤火虫有着色彩斑斓的外衣。它的身体呈棕栗色，胸部是柔和的粉红色，边缘则点缀着一些鲜艳的棕红色小斑点。

以上文字出自法国作家的优秀科普著作《__________》，“即使你没有亲眼见过，也至少听说过它的名字”一句中，“即使……也……”连接的两个分句之间是__________关系。“在宁静的夏夜，你经常会看到它们在草丛中游荡”一句中，“在宁静的夏夜”充当的句子成分是__________，“经常”的词性是__________。“萤火虫有着色彩斑斓的外衣”一句中，“色彩斑斓”的短语结构类型是__________。请从选文中找出一个包含比喻修辞的句子抄写在下面：__________

____

____

《昆虫记》(七)

一、考点达标

1. 关于西班牙蜣螂习性的描述,错误的一项是(　　)

A. 西班牙蜣螂行动迟缓,喜静不喜动。

B. 西班牙蜣螂为孩子建造的洞内经常有一些散乱的颗粒粪料。

C. 西班牙蜣螂天生胆小,一有动静就放弃收集食物,缩回洞中。

D. 西班牙蜣螂的临时住所建造得十分粗糙,而为孩子所建的房屋则十分精美。

2. 下列关于朗格多克蝎第二次出生的描述,错误的一项是(　　)

A. 朗格多克蝎第二次出生必须待在母蝎背上一周。

B. 朗格多克蝎"弃皮"的特点是外皮前后左右同时破裂,然后浑身的碎皮同时杂乱无章地脱落。

C. 朗格多克蝎的第二次出生,身长将增加半倍,体积增加将近两倍。

D. 为了保证第二次出生时身长和体积增加,朗格多克蝎必须大量进食。

3. 阅读选文,回答下列问题。

季节很美好。经雨水浇灌的花朵盛开。从豌豆上来的移民在秋天的欢悦中前来探花。然后,寒冬来临,移民们便纷纷寻找避难所躲藏起来。其他的一些与这些移民数量相当,并不急于离开出生的豆粒。整个寒冬腊月,它们滞留在出生的豆粒里,躲在不敢触动的保护屏下面,一动不动。小屋的门只待酷暑回来时才在铰链上,也就是说在抵抗力较弱的沟槽上发挥作用。到那时,迟到的幼虫才大搬家,与先期到达者们会合,待豌豆开花时节,共同准备干活儿。

(1)选文描述的昆虫是________。

(2)《昆虫记》中提到,这种昆虫在幼虫时期会有一些自杀现象,为什么?

____

____

(3)法布尔在介绍昆虫时,运用了文学性的语言,结合选文,谈谈你的理解。

____

____

4. 根据《圣甲虫的梨形粪球》,填写下面的表格,总结法布尔研究的经验。

(1)根据本文内容,填写表格。

第一步:提出问题	虫卵在粪球的哪个部位?
第二步	1. 根据经验,往①______剥去,没有虫卵。 2. 把梨颈纵向剖开,发现了虫卵。
第三步	1. 梨形粪球坚硬外壳的作用是避免②__________。 2. 把幼虫的食粮加工成球形,是为了减少③______丧失。 3. 梨颈(圆柱形薄套)的作用是保护虫卵可以畅通地呼吸新鲜空气和吸收热量。
第四步:总结归纳	制作成球状可以保持食物新鲜;由一个圆柱形薄套保护着的卵可以畅通地呼吸新鲜空气和吸收热量。

(2)根据上表,我总结出法布尔实验的方法步骤是:提出问题→______________→______________→总结归纳。

(3)动物的世界奇妙无穷，根据你所掌握的观察实验的方法，选取一种常见昆虫，如蝉、螳螂、蚂蚁等，写下你的实验过程和实验所得吧。

____

____

____

____

5. 阅读选文，回答下列问题。

①自六月份起，我便把我所捉到的足够的一对对绿蝈蝈关进一只金属网钟形罩中，下面是一只瓦罐，铺了一层沙子作底。这漂亮的昆虫简直棒极了，全身淡绿色，身体两侧有两条淡白色的饰带。它体形优美，身轻体健，一对罗纱大翅膀，是蝗虫科昆虫中最优雅美丽的。我因捉到这样的一些俘虏而扬扬自得。它们将会告诉我些什么呀？等着瞧吧。眼下必须把它们喂养好。

②我给这帮囚徒喂莴苣叶。它们果然在啃咬，但是吃得极少，而且不屑吃的样子。我很快就弄明白了：我养的是一些不太甘愿吃素的家伙。它们需要别的，看上去是想捕捉活食。但到底是哪种活食呢？一个偶然的机会让我知道了是什么。

③破晓时分，我在门前溜达，突然旁边一棵梧桐树上掉下点什么东西，还吱吱地在叫。我赶忙跑上前去。是一只蝈蝈在掏空被它抓住的一只蝉的肚腹。蝉徒劳地鸣叫，挣扎，蝈蝈始终紧咬住不放，把脑袋深扎进蝉的内脏中，一小口一小口地撕拽出来。

④我明白了：蝈蝈是一大早在树的高处趁蝉歇息时发动袭击的，受袭的被活活地开膛的蝉猛然一惊，随即进攻者和被袭者扭成一团跌落下来。那次以后，我曾多次看到这类似的屠杀场面。

⑤我甚至见到过胆量过人的蝈蝈蹿起追扑晕头转向乱飞逃命的蝉，犹如在高空中追逐云雀的苍鹰。与胆量过人的蝈蝈相比，猛禽略逊一筹。苍鹰是专攻比自己弱小的动物，而蝗虫类则相反，攻击比自己个头儿大得多、强壮得多的庞然大物，而这场个头儿相差许多的肉搏的结果是小个头儿必赢无疑。蝈蝈有极强的下颚和利爪，很少不把对手开膛破肚的，而后者因没有武器，只有哀号和挣扎的份儿了。

(1)结合选文，概括绿蝈蝈的外观有哪些特征。

____

____

(2)绿蝈蝈最喜欢吃什么食物？作者是如何知道的？

____

____

(3)从文中找出作者对绿蝈蝈的几种称呼，你觉得这样写有什么好处？

____

____

二、中考真题

班级拟开展“走进名著，与作者对话”综合性学习活动，请以“跟法布尔学观察——《昆虫记》”为专题，以“一位忠实的读者”的名义，给作者写一封信，交流你的探究成果，字数200左右。

____

____

____

____

____

____

____

《星星离我们有多远》(一)

考点达标

1.《星星离我们有多远》由郭沫若的诗歌和______________的神话传说引入,简要介绍星座的概念、划分与命名等天文学知识。

2. 赫罗图为人们了解恒星如何度过它的一生提供了极其重要的线索。利用赫罗图推求恒星视差的方法,便是"______________"。

3. 德谟克利特曾天才地猜测银河是一大片星星构成的"云"。后来__________用望远镜证实了德谟克利特的想法完全正确。

4. 毕达哥拉斯发现了直角三角形的两直角边的平方之和等于斜边的平方,这个定理被称为"__________"。

5. 最先发现的第一颗小行星被命名为"____________"。美国天文学家把发现的 2051 号小行星命名为"张"是为了表彰我国天文科学家__________在研究小行星方面的突出贡献。

6. ______________最先观测了恒星光谱,他曾将其与太阳光谱进行比较。但是,恒星光谱分类工作的真正先驱者却是意大利天文学家________。

7. 随着 21 世纪的来临,一些国家相继投入了新一轮的探月活动。中国也在 2004 年开始实施自己的探月计划——"___________"。

8.《星星离我们有多远》是一本讲述天体测量历程的科普作品,下列关于本书相关内容的表述,有误的一项是(　　)

A. 人类最初测量天体距离的方法是三角视差法。

B. 分光视差法利用恒星的光谱差别求距离,使测距能够达到 30 万光年左右。

C. 所有的星系都可以用超新星测量其距离。

D. 星系的普遍红移可以使天体的测量距离扩展到 100 亿光年的地方。

9. 请列举你熟知的日常生活中的"万有引力"现象。(至少两项)

____

____

____

10. 阅读选文,回答下列问题。

　　那些距离如此遥远的天体系统,都在以多么巨大的速度朝四面八方退离我们而去啊!这简直就像整个宇宙都在疯狂地膨胀一般。

　　多数天文学家对这种情况确实是这样解释的:目前我们所能观测到的整个宇宙(它的尺度超过 10 000 000 000 光年),正处在一种宏伟的膨胀之中。它有点像一个表面上粘了许许多多面粉颗粒的气球,气球膨胀时它表面上的任何一颗粉粒都会看见,其他所有的颗粒都在远离自己。

(1)"多数天文学家对这种情况确实是这样解释的"中的"这种情况"指的是什么?

____

____

(2)选文运用了什么说明方法?试着分析一下它的作用。

____

____

(3)这种现象的发现为哪一理论奠定了基础?简单介绍一下这个理论。

____

____

《星星离我们有多远》（二）

考点达标

1.《星星离我们有多远》是著名______作家________创作的天文学著作。这本书在介绍天文知识的同时，也非常注重思维的启迪，极大地激发了读者的阅读兴趣。

2. 科学家______________在一次泛舟河上时，注意到桅顶的旗帜并不是简单地顺风飘扬，由此找到了天龙γ星位置偏移的正确解释。

3. 天文学家_____________领导筹建了巴黎天文台，并测量出了火星视差；后来潘格雷、恩克等天文学家利用“_______________”的机会测定了太阳视差。

4. 唐代僧一行组织测量过_______________，得出了“北极高度每差一度，南北两地间便相距351里80步”的结论。

5. 开普勒提出了“开普勒三定律”，从而使得测量地球与____________的距离成为可能。

6. 哥白尼写出了《________________》，提出了“______________”，________________因坚定捍卫此观点而遭受了火刑。

7. 河外星系的距离主要是通过__________视差法来测定的。

8. 开普勒三定律分别指什么？

____

____

____

9. 阅读选文，回答下列问题。

①也许有人会想，身高与体重之间的关系，对于男人和女人，或者对于中国人和外国人，是有些差异的，因此仅仅根据身高来推测体重也许并不很可靠。假如知道了一个人的身高，同时还知道他（或她）的民族和性别，那么就可以把他（或她）的体重估计得更准确了。同样身高1.80米的人，欧洲人往往要比亚洲人更壮实些，因此体重也更重一些，这不是显而易见的吗？

②事实正是这样。因此，我们还需要尽量多知道一些其他方面的情况。对于研究人的身高与体重的关系而言，这种附加的信息可能是性别或国籍；对于研究恒星的光谱型与绝对星等的关系而言，这种附加的信息则是某些光谱线的强度之比。

③有了分光视差法，人们已求出距离的恒星数目便迅速上升。求得的距离也从在地面天文台利用三角视差法的100秒差距向前一举推进到了上万秒差距。

④所以，如果说三角视差法使我们“触摸”到了100秒差距以内的近星的话，那么，分光视差法则使天文学家的巨尺又往远处伸展了成百上千倍，它是我们通向更遥远天体的第一级阶梯。

（节选自《通向遥远恒星的第一级阶梯》）

(1)第④段中为什么说分光视差法“是我们通向更遥远天体的第一级阶梯”？

____

____

____

(2)结合全书内容，你认为分光视差法对测量天体距离来说是万能的方法吗？简述理由。

____

____

____

《寂静的春天》(一)

考点达标

1.《寂静的春天》的作者是海洋生物学家__________，书中对人类________自然，_________自然的观念提出了质疑。

2.《寂静的春天》全书用翔实的数据，引用了大量的最新科研成果，证实了__________的滥用带来的可怕后果，同时也介绍了另一种________防治的办法。

3. 氯代烃类杀虫剂的代表是DDT，除此之外常用的还有____________、____________、____________，所有氯代烃类杀虫剂中毒性最强的是____________。

4. 为治疗荷兰榆树病大量喷洒农药，结果殃及了地下以树叶为食的蚯蚓，知更鸟吃了中毒而死的蚯蚓，结果也中毒而亡。这是从__________的角度，介绍了知更鸟受到的无妄之灾。

5. 毒素会储存在人的__________中，一旦消耗这些物质，毒素可能会迅速出击。一个正在进行减肥治疗的人突然出现了中毒症状，就是这个原因。

6. 人体的各种器官中，能够化解外来物质的毒素的器官是_____________。

7.《寂静的春天》一书中提到，世界卫生组织宣布"_______________是目前昆虫控制计划面临的最严重的问题"。

8. 下列对《寂静的春天》的说法不正确的一项是(　　)

A. 卡森认为经济发展并非首要目标，健康生存才是持续发展的必要前提，与自然万物和谐共存十分重要。

B.《寂静的春天》讲述了农药中那些致命的微量毒素是怎样通过食物链被一级一级放大，或经由大风、雨水、河流、饮用水，最终抵达我们的身体。

C. 两种主要的杀虫剂——氯代烃和有机磷酸盐都会间接影响人类的神经系统。

D. 在书中，卡森经过调研与考察，列举了很多危害性极大的杀虫剂。

9.《寂静的春天》一书描述了一个怎样的世界？世界为什么会变成这个样子？

____

____

____

____

10. 阅读文字，回答下列问题。

蕾切尔·卡森对环保问题的关注，源于一封读者来信。一位马萨诸塞州的妇女在信中说，她们村几年前鸟儿很多。冬天，北美红雀、山雀和五十雀等川流不息地飞过；夏天，红雀和山雀又带着小鸟飞回来。自从树上喷洒DDT农药后，再也见不到鸟了。

(1)请根据以上材料和《寂静的春天》相关内容，说说"再也见不到鸟"的原因。

____

____

____

(2)请给《寂静的春天》写一则好书推荐。

____

____

____

____

《寂静的春天》(二)

考点达标

1.《寂静的春天》讲述的是________对自然环境的危害。它描述了人类可能将面临一个没有鸟、蜜蜂和蝴蝶的世界,该书引发了全世界____________运动。

2. 在《寂静的春天》中,《死神的炼金术》一节将现代杀虫剂进行了归类,一类是以著名的DDT为代表的“__________”,另一类是由__________杀虫剂构成,以人们比较熟悉的马拉息昂和对硫磷为代表。

3.《寂静的春天》一书中提到人们仍需要探索_______方法控制农业虫害问题的可能性。

4.《寂静的春天》一书中指出,人类在制订控制昆虫计划时忽略了两个重要的事实:一是真正能够有效控制昆虫的是_______,而非人类;二是一旦环境防御作用削弱,某些昆虫的繁殖能力就会出现_______性的增长。

5. 多项实验证明,在DDT或类似化学药物对鸟类双亲还未造成明显毒害之前,可能已经严重地影响了它们的__________能力。

6.《寂静的春天》一书给我们的启示是(　　)

①杀虫剂在杀虫的同时,严重破坏了生态环境。②应该关注并爱护野生动物。③人们应增强环境保护意识。④防止城市建设造成的环境破坏。

A. ①②③　　B. ①②④

C. ①②③④　　D. ②③④

7. 在《寂静的春天》一书中,作者为什么说“杀虫剂”应该叫作“杀生剂”?

____

____

____

____

8. 控制肆虐的昆虫,人类除了化学方法外,还有没有更好的方法?

____

____

____

____

9. 阅读选段,回答下列问题。

大西洋绿色海水的深处有许多鱼类巡游的小路通向海岸。尽管这些小路看不见,摸不着,它们是由来自陆地河流的水体的流动形成的。几千年来,鲑鱼已经熟悉了这些由淡水形成的水线,并能沿着这些水线返回河流。每条鲑鱼都要回到它们曾经度过生命最初阶段的那些小支流里去。1953年的夏秋季节,一种在新不伦瑞克被称为“米罗米奇”的河鲑从遥远的大西洋觅食地带回来了,回到了它们故乡的河流,那儿有许多在绿树掩映之下的溪流组成的河网,鲑鱼在秋天时将卵产在河床的沙砾上,从河床上流过的溪水细柔又清凉。云杉、香脂树仙、铁杉和松树在这里形成了巨大的针叶林区,此处为鲑鱼提供了适合产卵的地方,使它们能够繁衍。

(1)请用简短的语言概括选段的主要内容。

____

____

(2)米罗米奇河有哪些优势可以吸引鲑鱼前来产卵?

____

____

考点解读

考点1　文学常识

从内容角度看，“文学常识”考点主要包括作家的姓名、所属国别、所处时期（朝代）、字号、代表作品及评价，以及相关作品的体裁类属、篇章结构、风格特色和在文学史上的地位等。从题型角度看，“文学常识”考点主要有填空、选择和填表等，以填空和选择居多。

【真题示例】 有这样一只不知危险、无所畏惧的灰颜色的虫，朝着那只螳螂迎面跳了过去。后者，也就是那只螳螂，立刻表现出异常愤怒的态度。接着，反应十分迅速地做出了一种让人感到特别诧异的姿势，使得那只本来什么也不怕的小蝗虫，此时此刻也充满了恐惧感。

以上文字节选自_______（国籍）_______（人名）的《__________》，该书被誉为“____________________”。

【参考答案】 法国　法布尔　昆虫记　昆虫的史诗

考点2　情节内容

“情节内容”考点主要考查对名著情节的把握。经常给出名著中的人物对话或反映人物性格的段落等，要求写出情节内容或后续情节。从题型角度看，“情节内容”考点主要有填空、选择和简答几类，以简答和选择居多，偶有图表类题型出现。

【真题示例】 在苏区，少年先锋队员的任务之一，是在后方检查过路旅客，看他们有没有路条。……彭德怀告诉我，他有一次被几个少先队员喝令站住，要看他的路条，否则就要逮捕他。

“但是我就是彭德怀，”他说，“这些路条都是我开的。”

“你是朱总司令我们也不管，”小鬼们不相信地说，“你得有个路条。”

（节选自《红星照耀中国》）

少年先锋队队员后来是在什么情况下才放行彭德怀的？这体现了他们什么形象特点？

____

____

____

【参考答案】 彭德怀不得不写了一张路条，自己签了字，他们才放行。这体现了他们工作中忠于职守、一视同仁的形象特点。

考点3　人物形象

“人物形象”考点主要考查名著中人物的性格特征（精神品质）、外在形象，以及不同人物之间的关联、比较等。从题型角度看，“人物形象”考点主要有选择、填空、简答和填表几类，以简答居多。

【真题示例】 我到后不久，就见到了毛泽东，他是个面容瘦削、看上去很像林肯的人物，个子高出一般的中国人，背有些驼，一头浓密的黑发留得很长，双眼炯炯有神，鼻梁很高，颧骨凸出。我在一刹那间所得的印象，是一个非常精明的知识分子的面孔，可是在好几天里面，我总没有证实这一点的机会。

斯诺在一刹那间对毛泽东的印象是“一个非常精明的知识分子”，但在全文中，斯诺对毛泽东还进行过其他评价，请说说斯诺对毛泽东的其他两个印象。

____

____

____

【参考答案】精通中国旧学的有成就的学者、颇有天才的军事和政治战略家、精力过人且对工作一丝不苟等。(答出两点即可)

考点4　艺术特色

“艺术特色”考点主要考查名著中体现出的作品的艺术风格或写作特点等。从题型角度看，“艺术特色”考点主要以简答题的形式出现，一般要求结合材料具体分析。

【真题示例】据红军告诉我，成千上万支步枪和机枪，大量机器和弹药，甚至还有大量银洋都埋在他们从南方出发的长征途上。他们说，现在遭到成千上万警备部队包围的红区农民有朝一日会把它们从地下挖出来，恢复他们的苏区。他们只等着信号——抗日战争也许就是那个信号。

结合加点的部分，简析纪实作品的特点。

____

____

____

【参考答案】说明信息的来源是真实可靠的，体现了纪实作品“用事实说话”的特点。

考点5　感悟启示

“感悟启示”考点主要考查考生的阅读感受和从书中获得的启示等。从题型角度看，“感悟启示”考点主要以简答题的形式出现，一般要求结合给定的材料或作品作答。

【真题示例】向斯诺学习写故事，就纪实作品如何做到“用事实说话”这一点，你从斯诺的写作过程中得到怎样的启示？参考目录，结合你的阅读体会，加以阐述。

____

____

____

____

____

【参考答案】斯诺通过采访红军将领、深入红军生活、与农民谈话、拍摄照片等方式，搜集掌握了许多关于“红色中国”的真实材料；融入真切的感受和体验，客观地撰写了《红星照耀中国》这部纪实作品。他深入一线搜集资料的方式和客观的写作态度值得我们借鉴。

考点6　立场态度

“立场态度”考点主要考查从选文中分析和获取作者的主观态度、对人或事物的看法等。从题型角度看，“立场态度”考点主要以简答题的形式出现，作答时必须依据材料，不能脱离材料。

【真题示例】连续三夜，红军把部队分成西、南两个纵队。第四天晚上他们出其不意地迸发了，几乎同时攻打湖南和广东的碉堡线。他们攻克了这些碉堡，敌军惊惶奔逃。红军猛攻不停，一直到占领了南线的全部碉堡工事封锁网，这就给他们打开了通向西方和南方的道路，红军的先锋部队就开始了他们轰动一时的长征。

结合本段，写出作者隐含的立场或态度。

【参考答案】用“惊惶奔逃”形容敌军，“猛攻不停”形容红军，一贬一褒，表达了作者对国民党军队的嘲笑，对红军的赞扬。

考点7　名著推荐

“名著推荐”考点主要考查推荐某部名著的理由，目的在于考查考生对名著内容、主题思想、艺术风格等方面的了解。从题型角度看，“名著推荐”考点主要以简答题的形式出现。

【真题示例】在“不忘历史，牢记使命”的读书交流活动上，请你为大家推荐《红星照耀中国》这部书，说出推荐理由。

【参考答案】《红星照耀中国》是美国著名记者埃德加·斯诺的一部文笔优美的纪实性很强的报道性作品。作者真实记录了自1936年6月至10月在中国西北革命根据地进行实地采访的所见所闻，向全世界真实报道了共产党和红军的真实情况以及许多红军领袖、红军将领的真实生活，是我们今天了解中国工农红军的经典读本。

考点8　个性化解读

“个性化解读”考点一般为开放性试题，主要考查考生对作品中的人或事物的主观认知。从题型角度看，“个性化解读”考点主要以简答题的形式出现，作答时比较灵活，但必须言之有据。

【真题示例】《红星照耀中国》中写道：“四川军队大概从来没有见过这样的战士——这些人当兵不只是为了有个饭碗，这些青年为了胜利而甘于送命。他们是人，是疯子，还是神？迷信的四川军队这样嘀咕。”

你认为红军是人，是疯子，还是神？请结合整本书阅读，阐述你的观点与理由。

【参考答案】示例一：我认为红军是人，是平常人，有平常人的喜怒哀乐，也有平常人的爱好。如有的红军战士喜欢打乒乓球，有的喜欢唱歌，有的特别爱马。

示例二：我认为红军是“疯子”，他们面对困难，坚定不移，有时采取异乎寻常的甚至极端的方式，把个人生死置之度外。如在“飞夺泸定桥”一役中，泸定桥上面一半木板被撬走，下面是湍急的河流，对面是敌军的机枪阵地，没人会想到红军竟然在这样凶险的情形下过桥。

示例三：我认为红军是神，红军创造了人类历史上的奇迹。他们翻越数座大雪山，渡过几十条河流，穿过遍布沼泽的草地，徒步二万五千里，最终突破敌军的重重包围，真是神奇！

参考答案

《红星照耀中国》(一)

一、1. 西行漫记　西北革命根据地　中国共产党　中国红军

2. 用事实说话　记录历史　叙写事实

3. 徐海东　徐特立　朱作其

4. A

5. (1)C

(2)示例:内容简介　写作特色

(3)示例:培养读书习惯,点亮美好人生。

6. (1)彭德怀、朱德。

(2)示例一:彭德怀。彭德怀大公无私、率真,这让他能很好地团结战士们;他乐观豁达、勇敢,在艰苦的革命斗争中,这些都鼓舞着战士们奋勇向前;他身体素质好,动作敏捷,激励着战士们练好本领、克服困难。

示例二:朱德。朱德脾气温和,爱护部下,这样就有了很好的领导指挥基础;朱德沉默谦虚、朴实勤劳,赢得部队官兵的敬爱,让部队更有战斗力;朱德喜欢运动,喜欢读书,这让他有更充沛的精力和更睿智的头脑来领导革命。

二、1. 因为他们认为"我"不应该喊他们"喂",而应该称呼"同志"(或"小鬼""红小鬼")。

2. (1)护送"我"进入苏区　装有笔记、胶卷和文件等物品的行囊

(2)选文A:得知眼前人就是被悬赏通缉的要犯邓发时,作者禁不住流露出对邓发的钦佩、对国民党侦探的嘲讽之情。选文B:将共产党领袖和蒋介石对待民众的不同态度作对比,表现了作者褒贬分明的态度。

(3)示例:①共产党及红色军民是为国家和民族命运浴血奋战的优秀中华儿女;②红色苏区政府组织严密、政策合理、群众基础牢固;③共产党领导的红色政权深受民众欢迎,中国的未来属于共产党及其领导的革命力量;④长征成功地实现了战略大转移;⑤"西安事变"不是政变,而是兵谏,它的和平解决,促成国共停止内战。

《红星照耀中国》(二)

一、1. 徐特立

2. 周恩来　南开中学　黄埔军校

3. A

4. (1)D

(2)示例:长征的历史价值　中国共产党人的革命信仰

(3)提示:有具体情节支撑即可。

5. 示例:①红军领袖与普通士兵同甘共苦,深受爱戴。②红军帮助穷人,救中国,得到广大人民的拥护。③红军战士不畏艰险,勇往直前,具有革命乐观主义精神。

6. (1)《红星照耀中国》　长征

(2)运用了比喻的修辞手法,将红军的革命乐观精神比作"烈焰",表现了红军战士身上那种坚毅勇敢、不怕牺牲、英勇无畏的精神,表达了作者对红军战士的钦佩、赞美之情。

(3)红军的第五次反"围剿"失败后,中央主力红军为摆脱国民党军队的包围追击,被迫实行战略性转移。

二、(1)红小鬼

(2)红军历经重重磨难,终于取得了最终的胜利,他们就是勇者。我们可以从他们身上看到勇气的力量,我觉得我们从小就要树立志向与目标,碰到困难,要勇于迎难而上,做生活的勇者。

《红星照耀中国》(三)

一、1. 埃德加·斯诺　纪实

2. 中国共产党及其领导的中国革命　保安

3. ①周恩来　②贺龙　③彭德怀

4. D

5. 示例:①在物资极度缺乏的情况下,爬雪山,过草地　②积极与乐观　③不管行军多疲乏,也不觉得苦,他们耐心、勤劳、聪明,努力学习,充满活力与希望

6. 贺龙　徐海东

7. (1)毛泽东

(2)①有敏锐的洞察力和博大的胸怀;②天生精明、精力过人;③在党内有巨大的影响力,受人尊敬;④博览群书,精通文史哲。

8. 彭德怀　示例:彭德怀非常关心、爱护孩子。有一次在看戏时,天黑后天气开始凉起来,彭德怀将自己的棉衣脱下,披在了一个小号手的身上。

9. (1)红星照耀中国　埃德加·斯诺　红军长征途中过雪山

(2)示例:毛泽东,具有强烈的爱国心和责任感,具有不懈进取的奋斗意识和不屈不挠的奋斗精神,具有大公无私、纯朴善良、爱憎分明的性格。

二、红星照耀中国　周恩来

《红星照耀中国》(四)

一、1. 12　一个共产党员的由来　造反者

2. 中国共产党和红军　对红军长征的介绍

3. C

4. 朱德

5. 三个空格依次填:强渡大渡河　刘志丹　瓦窑堡

阅读感受示例:彭德怀　他从事谍报活动被捕后,虽然经受严刑拷打,但毫不屈服

6. (1)徐海东　窑场

(2)真诚、热情,阶级意识强,对自己的出身和部队感到自豪。

7. (1)毛泽东

(2)因为“我”不是湘乡本地人,而且在湘乡学生的斗争中采取中立态度,导致三派都看不起“我”。

二、示例一:毛泽东。我认为应从他的童年生活和求学经历等方面来选择内容。他童年时曾跟父亲进行“斗争”,上学时也曾因不满国文教员的粗暴而逃学罢课,这些可以突出他的反抗精神;他退学后到省立图书馆坚持执行“自修计划”,研读群书,长见识,开眼界,这一内容可以体现他强烈的自律意识和求知欲。

示例二:周恩来。我认为可从他所受的教育和革命经历等方面选择内容。他有文学天赋,后受到了“开明的”教育,投身到社会革命中,这体现了他“书生造反者”的特点;后来,他组织了上海起义、“八一”起义等,这些经历体现了他的革命追求和信仰。

示例三:彭德怀。我认为应从他的日常生活细节和军事才能等方面来选择内容。他脱棉衣给小号手穿的细节体现了他从心底爱护民众、体贴部下的特点;他讲述游击战术的内容能突显他的谋略和智慧。

《红星照耀中国》(五)

一、1. 毛泽东　2. C　A　B　3. A　4. D

5. 示例一:A　事件:①任“八一”南昌起义的总指挥。②传说贺龙用一把菜刀在湖南建立了苏区。原因:①备受黑暗社会的压迫,希望寻求生活的自由。②为了推翻黑暗的社会,投身于革命。

示例二:B　事件:①童年时母亲去世,不受祖母、父亲疼爱,九岁离家闯荡社会。②带领农民攻打囤粮的地主,之后去参军。原因:①饱尝生活的艰辛。②有强烈的反抗意识。

示例三:C　事件:①进入云南讲武堂,后被

任命为讲武堂学生队长,教授战术学、野战术、射击术和步枪实习。②在上海和北京寻找共产党未果,一直到德国柏林才找到共产党。原因:①对共产主义抱有坚定的信念。②受进步书籍的影响。

6.(1)刘志丹。对故土的眷念;对革命斗争有着忠诚的信念(或勇于献身、不怕牺牲)。(意对即可)

(2)作品的素材来源于中国革命者的真实生活经历,从这个角度看,本书不是作者写的;但素材的整理与艺术加工是作者完成的,从这个角度来说,本书又是作者写的。

7.(1)1936年。张学良和杨虎城发动的。

(2)要求蒋介石停止内战,一致抗日。

(3)和平解决。蒋介石被迫接受停止内战,联共抗日的主张。标志着国共两党第二次合作的初步形成。

8.(1)长征是宣言书,长征胜利宣告蒋介石及其反动派对红军"围剿"的失败;长征是宣传队,红军长征二万五千里,经过十几个省份,每到一个地方都能扩大红军的影响,把革命真理传播到沿途广大地区;长征是播种机,红军每经过一个地方,不仅宣传革命真理,还播下了革命的种子,为后来开展革命斗争创造了有利条件。

(2)示例一:徐海东,他勇于斗争,带领红二十五军在长征中第一个到陕北。示例二:彭德怀,从小敢于斗争,参加红军后善打游击战,不断取得胜利。示例三:毛泽东,博览群书,寻找真理,指挥有方,深受将士爱戴。

二、B项匹配不当,正确的评价对象是徐海东。

《红星照耀中国》(六)

一、1. 周恩来

2. 行动　贫农　归公

3. 重新分配土地　取消高利贷　取消苛捐杂税　消灭特权阶级

4. 朱德　贺龙　毛泽东　5. A

6. 刘志丹。他是一个"现代侠盗罗宾汉",他仇恨有钱人,劫富济贫,胆大勇敢,很像普通的"土匪",可是人们却很喜欢他,他为西北苏区的发展做出了很大贡献。

7.(1)董健吾　(2)使国民党了解和接受共产党建立抗日民族统一战线的建议。

8.(1)彭德怀　(2)"我"的军人生涯由此开始,不久之后就成了一个革命家。

9.(1)发动第六次"围剿"。

(2)西安事变。因为蒋介石无视东北军和人民停止内战的呼声,坚持发动内战。

(3)①客观地向全世界报道了共产党和红军的真实情况,使西方人第一次了解到中国共产党人的真实生活。②深入分析和探究了"红色中国"产生、发展的原因,对中国共产党和中国革命做了客观的评价。

10.(1)红军战士冒着生命危险,夺取只有一半桥板的泸定桥。

(2)从"红军战士一个个站出来愿意冒生命危险"可以看出红军战士对革命事业的无限热情与大无畏的牺牲精神;从红军战士在敌人的枪林弹雨中爬过铁索桥可以看出红军战士的英勇顽强。

(3)打破了蒋介石妄图把红军变成第二个石达开的美梦,是红军长征中具有战略意义的重大胜利之一。这次胜利也体现了红军忠于革命事业的大无畏精神。

二、徐海东　骑马失事人撞树上

《红星照耀中国》(七)

一、1. 中国革命　中国共产党

2. 反帝政策　反封建反军阀政策

3. D　4. B

5.(1)①毛泽东　②彭德怀　(2)B

6. (1)红小鬼　(2)外貌(肖像)

7. (1)红军得到农民的支持和拥护。

(2)运用了对比手法。农民们给"我们"吃的喝的,却给国民党在井里放毒。通过对比,表现了农民对红军的支持和帮助。

8. 红星照耀中国　周恩来　从蚊帐"是唯一可以看到的奢侈品"等环境描写和"我"到时"他正伏案在看电报"的表现可以看出周恩来的廉洁奉公、生活俭朴。从他帮"我"起草旅程可以看出周恩来的细心周到,待人谦和。

9. (1)①天性极端温和;②对一切大小事情都十分负责;③喜欢跟一般战斗员生活打成一片,经常和他们谈话。

(2)①爱护部下天下闻名,宁愿自己走路,也要把马让给走累的同志,赢得战士们的心;②与战士同甘共苦,平等待人,跟一般战斗员打成一片;③温和朴实,但在战斗中却要发怒,说明战斗时严肃认真,纪律性强。

二、

人物	细节描述	作者评论
	⑥	
朱德	③	
		②
"红小鬼"		④

《红星照耀中国》(八)

一、1. 周恩来　九十二

2. 贺龙　彭德怀　3. A

4. (1)少年先锋队员(少先队员)　彭德怀

(2)示例:"红小鬼"是红军队伍的储备力量,是红军未来的希望。

5. (1)埃德加·斯诺　(2)《红星照耀中国》《西行漫记》

(3)示例:朱德。他是红军总司令,以爱护部下著称,深受将士爱戴。

6. (1)因为这些书都是宣传"反叛"内容的书,在当时看来,有这些内容的书是该禁止的。

(2)经书

(3)反抗精神。

(4)毛泽东接受了这些小说中的反抗精神,学会了对旧社会不合理制度进行反抗。

7. (1)"愉快"体现在彭德怀乐观向上、胸怀宽广及其天真、爽直的性格特点上,还体现在彭德怀精力过人,演习时有激情,面对悬赏传单淡定自若,爱和"红小鬼"相处等事件中。

(2)"气喘吁吁"表现出部下和"我"精力不足、身体疲劳的状态,而"蹿"生动形象地写出彭德怀的身手矫健、精力旺盛。两者形成鲜明对比,显示出彭德怀勇猛、精力过人、体魄强健的特点。

二、1. (1)①红星照耀中国(或"西行漫记")

②埃德加·斯诺

(2)①[甲]毛泽东　[乙]周恩来

②示例一:[甲]毛泽东,他的财物只有一卷铺盖,几件随身衣物,伙食同每个人一样,在退学后到湖南省立图书馆坚持自学,研读群书,由此可以看出他生活俭朴、勤奋好学等品质。示例二:[乙]周恩来,第一次与作者见面时用英语打招呼,为他规划采访行程,搅着"红小鬼"的胳膊在乡间散步,体现出周恩来平易近人、热心周到的品格。

2. 朱德　毛泽东　对党的忠诚和对"文职"领导的服从

《长征》(一)

1. 1934　中国工农红军(或红军)　长征　瑞金　二万五千

2. 方志敏

3. 徐向前

4. 懋功会师　懋功　红四方面军

5. D　6. C

7. 湘江战役。这次战役粉碎了蒋介石围歼中央红军于湘江以东的企图。但是，中央红军也为此付出了极为惨重的代价，由长征出发时的8万余人锐减至3万余人。

8. 黎平会议、遵义会议、扎西会议、会理会议、两河口会议等。

9. (1)“攀”不仅表现出少年们的身体矫健，而且侧面表现出听演讲的人多，人们对演讲内容十分感兴趣，为下文人们追随红军做铺垫。

(2)示例：因为红军是人民的军队，是为人民而战斗的，是为消灭一切不公平现象而奋斗的。

《长征》(二)

1. 王树增　纪实

2. 遵义会议　**3.** D　**4.** C

5. 原因：党中央的正确领导；红军战士坚定的信念和大无畏精神；各族人民的支持和拥护；反动军队之间矛盾重重，难以对红军进行合围。

意义：红军长征的胜利，粉碎了国民党反动派消灭红军的企图，宣传了自己的政治主张，广泛地播下了革命的火种，保存了党和红军的基干力量，使中国革命转危为安。

6. 环境描写。表现了乌江地势极端险要，暗示了红军要渡过乌江的难度之大。

7. (1)在极端困难的条件下，共产党人以革命乐观主义精神对待长征。

(2)巧渡金沙江、强渡大渡河、飞夺泸定桥、翻越大雪山。

《飞向太空港》(一)

1. 李鸣生　报告文学

2. 尼克松　1979

3. 任新民

4. 语言　翻译

5. 钱学森

6. 因为在1986年世界航天界发生了一系列重大事故：①1986年1月28日，美国“挑战者号”航天飞机发生大爆炸；②1986年4月18日，美国“大力神-34D”火箭发生爆炸；③1986年5月3日，美国用“德尔塔”火箭发射一颗气象卫星，升空后仅九十一秒便被地面指令炸毁；④1986年5月31日，法国“阿里亚娜”火箭在第十八次飞行中又不幸爆炸。

7. 这部作品真实、全面、生动地记叙了中国首次发射外国卫星这一重大事件。首先，作品成功地对这一重大事件进行了全景式的、真实的描写；其次，作品突破了叙述事件的局限，采用了一种超越事件本身的“高视点”，对此次商业卫星发射进行了叙述和思考；再次，情感饱满的细节描写令这部作品有了感人至深的力量。

8. (1)山谷葱绿，植被丰富，自然环境优美；恬静祥和，自然淳朴，人文环境良好。

(2)示例：①比喻。“一座座山如同沉睡千年的少女”，把未被现代文明打扰的群山比作“沉睡千年的少女”，生动形象地表现了群山的自然美和纯净美。

②排比。“你还会听到清泉的叮咚，松涛的轰鸣，山风的低语，小鸟的轻吟，以及……”作者满怀惊喜，描写了周围环境的清幽，让读者感受到了景色的丰富层次。

③对比。作者把发射场带给人的平静悠然与现代都市带给人的忧愁烦恼相对比，突出了此处景色能带给人心灵的宁静。

《飞向太空港》(二)

1. 四川　月亮城

2. 亚洲一号

3. 长征三号

4. 上官世盘　改革开放

5. 美国　孙家栋

6. 4月5日　4月7日

7. 胡世祥　江·可达

8. ①1990年2月22日,“阿里亚娜-4”运载火箭升空后不到两分钟爆炸。②1990年2月28日,美国“亚特兰蒂斯”航天飞机施放的一颗侦察卫星在空中解体。③1990年3月14日,由美国“大力神-3”运载火箭发射的“国际通信卫星-6”,升空后未能按预定时间同第二级火箭分离。

9. ①西昌地处横断山脉南段的西缘,纬度较低,离赤道较近,地理位置十分优越;②整个航程可以避开大中城市,不会危及沿途人民的生命和财产安全;③西昌气候宜人,空气洁净,为火箭、卫星的测试工作,提供了非常理想的温度、湿度和空气洁净度。

10. (1)飞向太空港　亚洲一号

(2)胡世祥。表现了他沉着镇定、决策果断的性格特点。

《昆虫记》(一)

一、1. C　2. B　3. C　A　B

4. 法布尔　螳螂　圣甲虫

5. (1)①螳螂　②意大利蟋蟀

(2)清道夫　粪金龟和圣甲虫都以粪便为食。

(3)有助于更清晰地了解《昆虫记》的内容,把握昆虫形象特点,从而领会作者的写作意图。

6. (1)蝉并不是只饮露水,而是用像吸管一样的嘴扎进树干中,喝其中的汁液。

(2)螳螂善于利用“心理战术”恐吓敌人,然后将其打败。

(3)示例:敢于质疑,长时间观察,严密求证的科学态度。

7. 萤火虫　蜗牛　法国　法布尔　螳螂

8. 示例:法布尔用拟人化的手法,赋予昆虫人的爱憎感情和思想行为,字字句句无不渗透着人文关怀,激发我们对生命的敬畏与关爱。在《昆虫记》中,一只小小的蚂蚁尚且知道团结互助,一只小小的食粪虫尚且为自己的小粪球而计划营生。反观人类,有时却妄自尊大,视微小生命如敝屣。人类需要反观自我,我们并非凌驾于动物之上的统治者,我们更需要的是谦卑与敬畏。

二、示例一:《昆虫记》中,法布尔提出了蝉的歌唱与爱情无关这一假设。之后他多次实验,发出各种声音,但蝉都没有任何反应,得出蝉基本没有听觉,蝉的歌唱只是表达生命乐趣的手段,与爱情无关这一结论。

示例二:《昆虫记》中,法布尔提出大头黑步甲会因地表环境改变而采取假死之外逃生方式的假设。之后他多次实验,把大头黑步甲放在木头、玻璃、沙土上,还有松软的泥土地上,发现它始终采取假死的方式,于是得出假设不成立的结论。

《昆虫记》(二)

一、1. C　2. B

3. 自然之真:法布尔用观察和实验的方法研究昆虫的本能和习性,用笔记的形式记录各种昆虫真实的生活状态。如:在研究螳螂捕食时,法布尔把螳螂养在家中,对螳螂的捕食方式、食物种类进行细致观察,详细、真实地记录实验过程。

人文之暖:法布尔关注昆虫生长过程,在观察、实验中处处表现出对生命的尊重及敬畏生命的情怀。如:他不用解剖的方式研究昆虫,在酷暑时去野外研究蝉的生存状态;在《蝉和蚂蚁的寓言》中,法布尔引用诗歌,把蝉描述成善良、勤劳的形象,表达出他对蝉的尊重和赞美,体现出浓厚的人文关怀。

4. (1)蝉　螳螂

(2)《昆虫记》将昆虫鲜为人知的生活和习性生动地揭示了出来,使人们得以了解昆虫的真实生活情景;《昆虫记》是优秀的科普著作,也是公认的文学典范。

5.(1)昆虫记　法布尔

(2)对蚂蚁强盗行径的谴责,对蝉的同情。

(3)示例:大孔雀蝶。欧洲最大的蝴蝶,一生不进食,以结婚为唯一目的。

6.(1)萤火虫　蜗牛

(2)言之有理即可。《现代汉语词典》的语言简洁、准确。《昆虫记》善于运用比喻,使得螳螂的外形更易被读者想象,语言生动、细致、形象、传神。

7.(1)B

(2)行文活泼,语言诙谐,还常常以拟人的手法表现昆虫世界,读来趣味盎然。(结合选文具体内容略)

(3)示例:雄性米诺多蒂菲为了家人辛勤工作,无私奉献,正如人类社会中的父亲一般,承担着家庭的重任,为家庭付出。默默付出的食粪虫和埋葬虫没有得到重视和礼待,而蚂蚁等屠杀者却历来得到关照与赞美。这正如人类世界中"做好事的默默无闻,恶贯满盈的却备受歌颂"一样。

8.(1)象态橡栗象用它的长鼻子在橡栗上钻孔,并寻找适合新生儿生长的橡栗产卵。

(2)示例:象态橡栗象如慈母般细心、挑剔、耐心。

(3)体现了作者一丝不苟地观察研究的科学态度,坚持不懈地追求真理、探求真相的科学精神,展现了作者对自然的热爱、对生命的尊重、对昆虫世界的人文关怀。

二、法布尔　法　昆虫记

《昆虫记》(三)

一、1. D　2. C

3. 法布尔　观察　昆虫的史诗

4.(1)示例:蝉　它们在地下忍受四年黑暗,只为了五个星期的歌唱,这种勇于追求理想的精神值得我们学习

(2)示例:这本书语言非常生动,以人性观照虫性,读后会让我们更加了解昆虫的习性和生活。

5. 示例:趣味。比如法布尔在《昆虫记》中写米诺多蒂菲,形象地将雌性米诺多蒂菲比作女面包师,将它做粪球的过程比作揉面包,让人读起来趣味盎然。

6.(1)法布尔　昆虫记

(2)蝉的幼虫。示例:①利用尿液挖洞;②在地下待四年才钻出地面。

二、(1)①打比方。把狼蛛比喻成人,形象风趣,增加说明的趣味性。②作比较。把狼蛛和猫相比较,突出强调了狼蛛捕食动作敏捷的特点。

(2)不能。"任何"一词从范围上加以限制,强调小狼蛛捕食随心所欲,体现了说明文语言的准确性与科学性。

《昆虫记》(四)

一、1. C　2. D

3.(1)螳螂　意大利蟋蟀

(2)示例:①善于运用心理战术;②外表美丽,性格残忍;③同类相食;④卵囊精致。

4.(1)示例一:我更喜欢花城版。"胆量过人""略逊一筹"等词语表明花城版的语言更加文雅。"追扑""晕头转向乱飞"形象生动地写出蚱蜢捕蝉的情形。

示例二:我更喜欢译林版。"绿蝈蝈儿"等词口语化的特点拉近了与读者的距离,通篇语言简明生动,通俗易懂。

(2)《昆虫记》描写了各类昆虫,比如美丽的大孔雀蝶、一心为家庭的米诺多蒂菲等,丰富多彩、奇异美妙。法布尔通过《昆虫记》将海量昆虫的生活和习性展现出来,不仅展现了一个奇异奇妙的丰富世界,更讴歌了美好的自然、美好的生命,形成了敬畏自然、尊重

生命的意识,这正是一个科学家闪光的人格的体现。

5. (1)因为发音的乐器比螽斯高级得多,螽斯只有一个不起眼的镜膜,而蟋蟀有四个振动器。

(2)“啰唆”“粗暴”这两个词说明解剖家对昆虫是直接而粗暴地解剖,这种行为与法布尔亲近昆虫、理解生命的思想相悖,表达了作者对冷漠的解剖家的不满和抨击。

6. (1)主要讲述了蝉的幼虫建造洞穴的过程。

(2)示例:①象态橡栗象将卵产在橡栗中。②圣甲虫的粪球呈梨形。

二、(1)昆虫记

(2)准备捕食蝗虫　机警从容

《昆虫记》(五)

一、1. D　2. B

3. ①连续几个小时观察象态橡栗象钻探橡栗　②孜孜不倦

4. (1)习性　生命

(2)意大利蟋蟀　绿蝈蝈

5. 文段描写了螳螂的外形、动作等,文笔清新生动,从中可以感受到作者对生命的赞美与尊重。科学的观察,诗一样的语言,敬畏生命的情怀,是周作人称赞法布尔是“科学的诗人”的主要原因。

二、(1)它翼后的空腔里带有一种像钹一样的乐器;胸部安置一种响板,以增加声音的强度。

(2)行文生动活泼,语调轻松诙谐。用人格化的手法(拟人的修辞手法),通过比肩而坐、狂饮树汁、慢步行走等动作(细节),生动地描写了蝉的生活习性。

(3)作者用土铳的枪声对蝉的听觉进行测试,结果证明蝉是没有听觉的。作者勇于实践和探究,具有严谨的治学态度。

(4)虞世南的《蝉》,以蝉喻人,旨在借蝉抒怀:品格高洁者,不需借助外力,自能声名远播。法布尔的《蝉》旨在探究科学奥秘:观察探究蝉的身体构造和歌唱的特点,通过试验证明蝉是听不到声音的。

《昆虫记》(六)

一、1. A　2. B

3. (1)大头黑步甲　(2)螳螂　(3)粪金龟

4. (1)朗格多克蝎

(2)①习性神秘;②蝎毒毒性极强;③存在同类相食现象。

5. 示例:这个片段描写的是螳螂捕杀蝗虫的过程,作者着重对螳螂的动作进行描写,如“猛压”“合拢”“夹紧”不仅体现了螳螂的英勇凶猛,也表现了它的残忍。生动形象地为读者展现了螳螂捕食这精彩的一幕。

6. 示例:作者之所以对昆虫世界如此了解,就在于他的细致观察和思考探究。

7. (1)似乎“缺了布料”的短身燕尾礼服。　淡绿色的连衣裙。

(2)示例:不,我不会把它们装在木盒里,浸在酒精中进行研究。你们观察的是尸体!而我研究的是活生生的生命。我要到大自然中去,去记录它们的生活,去研究它们的习性,去了解它们从出生到成长,再到死亡的全过程。因为,它们原本就是活的,活生生的!

8. (1)圣甲虫

(2)它们为自己寻找食物时不挑剔,只是粗略地选选;但是为孩子寻找食物时,则会严格挑选,一丝不苟。

(3)它的粪球呈梨形,梨颈部位用来产卵,下方的球形用来储存食物。

9. (1)腹语者。可以使文章语言生动有趣,使说明对象形象立体,给读者以深刻印象,也反映出作者对蟋蟀的喜爱。

(2)它用声音迷惑对方,使对方产生距离上的错觉,从而保护自己。

(3)因为作者从意大利蟋蟀的鸣叫声里感受到了“生命在颤动”。

(4)示例:要了解事物,就必须进行细致入微的观察,并把观察和思考结合起来。

二、昆虫记　假设　状语　副词　主谓短语

示例:萤火虫的肚子顶端会发出微弱的光亮,就好像是挂了一盏小灯。

《昆虫记》(七)

一、**1.** B　**2.** D

3. (1)豌豆象

(2)位于豆粒中心位置的幼虫发育得比其他幼虫要快,由于食物缺乏,当它稍稍比自己的竞争对手们个头大一点点时,其他幼虫便全都停止进食,自己选择死亡,成全中心位置的幼虫的成长。

(3)①语言生动活泼,诙谐幽默;②运用比喻、拟人等修辞手法,如称豌豆象为“移民”;③语言优美,富有诗意,如“季节很美好。经雨水浇灌的花朵盛开”生动地写出了豌豆象迁徙时的季节特点。

4. (1)①中心　②食物干燥　③水分

(2)观察实验　分析原因

(3)略。

5. (1)全身淡绿色,体形优美,身轻体健,有一对罗纱大翅膀,是蝗虫科昆虫中最优雅美丽的。

(2)喜欢吃蝉等昆虫。作者是通过目睹绿蝈蝈捕食树上的蝉知道的。

(3)示例:俘虏、囚徒等。不断变换称呼,使行文更加生动形象,给读者留下深刻的印象。

二、示例:

尊敬的法布尔先生:

您好!我是您的一位忠实读者,最近拜读了您的作品《昆虫记》,收获良多!我也喜欢昆虫,读完此书兴趣更浓,也从书中学到您的一些观察方法。在观察蚂蚁的时候,您伏在地上用放大镜观察了四小时;爬到树上观察螳螂活动,在别人误会来抓人时才惊醒过来。这样全神贯注,耐心细致,沉浸其中,才有了详尽真实的记录。感谢您给我们带来了这么优秀的作品,让我们看到您对生命的尊敬与热爱,也让我们学会如何去观察和研究。

此致

敬礼

一位忠实的读者

×年×月×日

《星星离我们有多远》(一)

1. 牛郎织女

2. 分光视差法

3. 伽利略

4. 勾股定理

5. 谷神星　张钰哲

6. 夫琅禾费　赛奇

7. 嫦娥工程

8. C

9. 示例:①熟了的苹果从树上落到地面;②向上抛的石头又落下来。

10. (1)那些距离遥远的天体系统,都在以很快的速度朝四面八方退离地球而去。

(2)打比方。生动形象地说明星系普遍地彼此退行远离的画面,让深奥的天文学理论变得通俗易懂。

(3)“大爆炸宇宙论”。这一理论由伽莫夫等人正式提出,成功地解释了众多天文观测事实,成为当代最有影响的宇宙学理论。

《星星离我们有多远》(二)

1. 科普　卞毓麟

2. 布拉德雷

3. 卡西尼　金星凌日

4. 子午线

5. 太阳

6. 天体运行论　日心说　布鲁诺

7. 造父

8. 第一定律:行星绕太阳运行的轨道是椭圆,太阳在它的一个焦点上。第二定律:行星向径(行星与太阳的连线)在相等的时间内扫过相等的面积。这条定律又称为"面积定律"。第三定律实际上就是说:只要知道了行星绕太阳公转一圈需要几年,便可以算出它距离太阳有多少个天文单位。

9. (1)分光视差法使人们已求出距离的恒星数目迅速上升,求得的距离推进到了上万秒差距,使天文学家的巨尺又往远处伸展了成百上千倍,所以说它是我们通向更遥远天体的第一级阶梯。

(2)不是。它的缺点在于很难拍摄到某些恒星清晰的光谱,无法用寻常方式找出像变星和新星这类恒星的光谱与绝对星等之间的联系。

《寂静的春天》(一)

1. 蕾切尔·卡森　征服　改造

2. 杀虫剂　生物

3. 狄氏剂　艾氏剂　异狄氏剂　异狄氏剂

4. 食物链

5. 脂肪质器官

6. 肝脏

7. 抗药性　8. C

9. 书中描述了人类可能面临着一个没有鸟、蜜蜂和蝴蝶的寂静的世界。原因是化学药剂的大量使用,使生态平衡遭到了严重破坏。

10. (1)自20世纪40年代中期以来,逾200种用于杀死昆虫、杂草的化学药品被研制出来,这些化学药品能够不加选择地杀死任何昆虫,间接杀死鸟类,同时也污染了环境。

(2)示例:这本书以优美的文字、细腻的文笔展现出对大自然的热爱和对人类未来的关注,读了这本书,不仅能够让我们更加深切地感受到环境污染对人类、对环境产生的危害,还能唤醒、增强我们的环保意识。

《寂静的春天》(二)

1. 化学药品　环境保护

2. 氯代烃　有机磷

3. 非化学

4. 大自然　爆发

5. 生殖　6. A

7. 杀虫剂在杀死一部分"害虫"的同时,也杀死了食物链上的其他生物,并威胁人类自身的生命安全。因而作者称这些杀虫剂为"杀生剂"。

8. 示例:可以采用生物控制的方法,利用昆虫来对付昆虫。此外,还可以用X射线照射昆虫使雄性昆虫不育,通过干扰昆虫交配来控制繁殖等。

9. (1)米罗米奇河为洄游的鲑鱼产卵提供了适宜的环境。

(2)水质好,水流缓慢,营养丰富,有大树遮阴。

MSJC20230825

阅读鉴赏

人物形象

人物	人物特点	相关情节
毛泽东	青少年时期：富有反抗精神，善于通过斗争为自己争取合法权益 成年时期：质朴纯真，生活简朴，精力过人，一丝不苟，果决有魄力	①与父亲的矛盾和斗争(《童年》) ②剪辫子、参军(《在长沙的日子》) ③在湖南省立图书馆自修半年(《在长沙的日子》) ④谈及牺牲的同志和饥荒时的死人事件，他眼睛湿润(《苏维埃掌权人物》) ⑤对世界政治惊人地熟悉(《苏维埃掌权人物》)
朱德	沉默谦虚，爱护部下，天性温和，说话朴实，喜欢运动和读书，为革命甘愿丢弃个人财富和地位，作战经验丰富	①仔细制订读书计划，熟读政治、经济书籍(《关于朱德》) ②积极主动戒除烟瘾(《关于朱德》) ③坚持寻找并加入共产党(《关于朱德》) ④在长期的作战中形成自己带兵的特殊战术(《关于朱德》) ⑤打过几百次仗，经历敌人的五次大"围剿"(《关于朱德》)
周恩来	平易近人，温和文雅，头脑冷静，善于分析推理，讲究实际经验	①第一次见面用英语跟斯诺打招呼(《遭白匪追逐》) ②为斯诺规划九十二天的采访行程(《造反者》)
贺龙	威望高，口才好，英勇善战，性格急躁但很谦虚	①客人在桌下开枪，贺龙面不改色(《贺龙二三事》) ②传说用一把菜刀在湖南建立了一个苏区(《贺龙二三事》) ③据说曾经不止一次把地方的哥老会全部成员收编进红军(《贺龙二三事》) ④行军神出鬼没(《贺龙二三事》)
彭德怀	率直爽朗，乐观爱笑，富有才智，吃苦耐劳，精力旺盛，性格刚烈，具有强烈的反抗精神，爱惜部下，善于作战	①奋起反抗欺负他的老师(《为什么当红军?》) ②青年时带领农民攻打囤粮的大地主(《为什么当红军?》) ③从事谍报工作被抓时不屈服(《为什么当红军?》) ④司令部陈设简陋，伙食也与部下一样(《彭德怀印象》) ⑤善于总结战术经验，巧用游击战取得胜利(《游击战术》) ⑥喜欢孩子，尊重"红小鬼"(《彭德怀印象》)
徐海东	大胆无畏，英勇善战，无私诚实，具有强烈的反抗精神，善良真诚，阶级意识强	①回击富家子弟的欺压(《红色窑工徐海东》) ②为自己的无产阶级出身感到自豪(《红色窑工徐海东》) ③组织湖北第一支"工农军队"(《红色窑工徐海东》) ④带领红军轻松攻克预旺县(《红色窑工徐海东》)

（续表）

人物	人物特点	相关情节
“红小鬼”	年龄小，但是精神极好，拥有勤劳乐观、耐心聪明、爱憎分明、坚持原则的优良品质	①年龄虽小，却早已是“老红军”（《“红小鬼”》） ②他们在红军队伍里当通讯员、勤务员、号手、侦察员等（《“红小鬼”》） ③热爱革命、热爱红军，主动维护红军形象（《“红小鬼”》）

主题归纳

作品真实记录了1936年6月至10月，斯诺在我国**西北革命根据地**进行实地采访的所见所闻，客观地向全世界报道了**中国共产党**和**中国红军**的真实情况，使西方人全面地了解到中国共产党人的真实生活，以及红军不可征服的战斗精神和改变世界的热情与力量。

艺术特色

1. 真实地记录事情的真相。真实性是纪实作品的生命，纪实作品最大的特点就是“用事实说话”。《红星照耀中国》以作者的真实经历为线索，用具体而丰富的真实材料，向全世界实事求是地报道了“红色中国”的真实情况，是一部忠于客观事实的杰出作品。

2. 故事性的写作风格。斯诺的文章中故事情节十分突出，例如，在写周恩来时，他写道：“蒋介石悬赏八万元要周恩来的首级，可是在周恩来的司令部门前，只有一个哨兵。……周恩来正伏案在看电报。”先介绍人物的传奇色彩再开始写人物。

3. 注重对人物的刻画，关注事件背后的个人魅力。斯诺通过对领导人和普通民众的细微观察和细致描述，把采访内容转变成让读者读起来感到亲切生动的文字。

专题探究

专题一　领袖人物和红军将领的革命之路

1. 外貌形象与言谈举止　　2. 出身与家庭　　3. 童年的经历
4. 受教育情况　　5. 参加革命的起因　　6. 参加革命后的经历

【探究示例】　　**毛泽东的革命之路**

外貌形象与言谈举止	毛泽东是个面容瘦削、看上去很像林肯的人物，个子高出一般的中国人，背有些驼，一头浓密的黑发留得很长，双眼炯炯有神，鼻梁很高，颧骨凸出。他有着中国农民质朴纯真的性格，颇有幽默感，喜欢憨笑。

（续表）

出身与家庭	1893年出生于湖南省湘潭县的韶山冲，有两个弟弟。父亲开始是一个贫农，后来逐渐成了“富农”。母亲是个和善的女人，慷慨厚道，随时愿意接济别人。
童年的经历	脾气暴躁的父亲经常打骂孩子，渐渐激起了毛泽东内心的反抗精神。上学堂时，毛泽东不喜欢经书，而是喜欢读传奇小说，他从这些书中看到了一个个反抗压迫、争取自由的平凡人的怒吼。这些书对他的未来产生了巨大的影响。
受教育情况	8岁时，在本地一个小学校里读书；16岁进入新式学校，在那里取得了很大的进步，其间接触了康有为和梁启超的作品，产生崇拜心理。后来开始了一段在省立图书馆自修的时光。最后进入省立第一师范学校，学习五年并取得了文凭。
参加革命的起因	首先，童年时期的经历激发了他内心的反抗精神，使其明白了反抗和斗争是摆脱苦难的有效方法；其次，青年时期接受进步教育，受进步书籍、人物的影响，有了争取公平自由的意识，产生了救国救民的想法。
参加革命后的经历	1921年5月，毛泽东到上海出席中国共产党成立大会，之后成为共产党湖南省支部的委员。1927年8月南昌起义后，毛泽东于当年9月在长沙组织了秋收起义，10月创立井冈山革命根据地，并于1928年4月与朱德胜利会师。1934年10月，毛泽东与中央红军开始长征。

专题二　关于长征

1. 长征的起因　2. 长征的路线　3. 长征中面临的困难
4. 长征中具有重大意义的事件　5. 长征的历史价值

【探究示例】

1. 长征的起因

1933年10月，蒋介石发动第五次“围剿”。由于博古和李德等人的错误指挥，红军未能粉碎敌人的“围剿”。1934年10月，中共中央和中央红军被迫放弃中央革命根据地，进行战略转移。

2. 长征的路线

瑞金→突破敌人四道防线→强渡乌江→占领遵义→四渡赤水→巧渡金沙江→强渡大渡河→飞夺泸定桥→爬雪山→过草地→陕北吴起镇会师（1935年10月）→甘肃会宁会师（1936年10月）

3. 长征中面临的困难

①敌军的围攻：红军一直处于几十万敌军的围追堵截中。②红军内部的错误和矛盾。③长征途中恶劣的自然条件。④少数民族地区复杂的民情。

4. 长征中具有重大意义的事件

①湘江战役。这是红军长征路上损失最为惨重的一战，战后，中央红军由出发时的8万余人

锐减至3万余人。②遵义会议。这次会议确立了以毛泽东为主要代表的马克思主义正确路线在中共中央的领导地位，在极其危急的情况下，挽救了党，挽救了红军，挽救了中国革命。③四渡赤水。毛泽东指挥中央红军三个月的时间六次穿越三条河流，巧妙地穿插于国民党军重兵集团“围剿”之间，采取运动战方针歼灭大量敌人，牢牢地掌握战场的主动权，取得了红军长征史上变被动为主动的光辉战例。④巧渡金沙江。1935年5月，红军夺取皎平渡，靠从北岸敌人那缴获的几条船顺利渡江，跳出了数十万敌军的包围圈。⑤飞夺泸定桥。1935年5月，突击队员冒着枪林弹雨夺下桥头，逆转了红军被歼灭的命运。

5. 长征的历史价值

①长征的胜利，是人类历史上的奇迹。从1934年开始到1936年结束的长征，是人类近现代战争史上由平凡的人们谱写出的英雄史诗。②红军长征的胜利，是中国革命转危为安的关键。长征的胜利表明，中国共产党及其领导的工农红军是一支不可战胜的强大队伍，长征中红军表现出的对革命的必胜信念和一往无前、不怕牺牲的英雄气概，成为激励共产党人和人民军队前进的巨大动力。③长征结束了“左”倾教条主义在中央的统治，确立了以毛泽东为主要代表的马克思主义正确路线在中共中央的领导地位。

专题三　信仰与精神

1. 中国共产党人的革命信仰　　2. 长征精神的内涵　　3. 当代青少年如何传承长征精神

【探究示例】

1. 中国共产党人的革命信仰

中国共产党人的革命信仰即党的最高理想和最终目标——实现共产主义。中国共产党作为人民的政党，始终站在历史和时代发展的潮头，矢志推动中国革命和建设事业不断前进，以立党为公、忠诚为民的奉献精神，努力实现好、维护好、发展好最广大人民的根本利益。

2. 长征精神的内涵

红军在长征途中表现出对革命理想和事业无比忠诚、坚定的信念；表现出不怕牺牲的无产阶级乐观主义精神；表现出顾全大局、严守纪律、亲密团结的高尚品德。这些构成了长征精神：不怕牺牲、前赴后继、勇往直前、坚韧不拔、众志成城、团结互助、百折不挠、克服困难、忠诚爱国。

3. 当代青少年如何传承长征精神

作为当代青少年要树立崇高的理想和信念，发扬艰苦奋斗的作风，弘扬集体主义精神，加强社会主义荣辱观，脚踏实地为实现中华民族伟大复兴而奋斗。

积累感悟

积累感悟

精彩句段

※ 我到后不久，就见到了毛泽东，他是个面容瘦削、看上去很像林肯的人物，个子高出一般

的中国人，背有些驼，一头浓密的黑发留得很长，双眼炯炯有神，鼻梁很高，颧骨凸出。我在一刹那间所得的印象，是一个非常精明的知识分子的面孔，可是在好几天里面，我总没有证实这一点的机会。

——《在保安》

【赏析】在斯诺眼中，毛泽东虽然看似瘦弱，但却具有极高的才能，是一个“颇有天才的军事和政治战略家”。文中通过描写毛泽东内在和外在的巨大反差，体现了他身上独特的魅力。

读后感悟

红星永存于心

——读《红星照耀中国》有感

翻开《红星照耀中国》，我仿佛回到了那个动荡的年代，萦绕在耳畔的是枪炮声与人民痛苦的呼喊声；又仿佛经历了一段激情燃烧的岁月，目睹无数爱国志士谱写着一篇篇可歌可泣的华章。

埃德加·斯诺怀揣着对中国共产党的诸多疑问，以令人敬佩的勇气与决心，来到了被国民党封锁的红色区域，试图解开“红色中国”之谜。他历经千辛万苦，最终像红军战士一样，完成了自己的目标，并通过《红星照耀中国》向我们述说这段珍贵的历史。

战争年代的共产主义战士，如同一把火炬，在无边的黑夜里让人民群众看到了光明。国内反动势力的狂风扑向它，帝国主义的铁蹄试图践踏它。可这把火被狂风吹得更猛，灼热的火焰渐渐将铁蹄熔化，火焰蔓延到了祖国的每一个角落，革命的火焰到哪里，哪里就有人民支持它。这究竟是如何做到的呢？

在万里长征中，红军磨炼出了坚韧不拔的意志；在内忧外患中，共产党以人民利益为重，得到了群众的支持。在无数次对敌斗争中，正确的军事领导、巧妙的游击战术有效地打击了敌人，但是还有一个因素是红军成功的前提，也是为红军行动指明方向的灯塔——信仰。

正是因为有着坚定的革命信仰，所以红军在被国民党军队包围时，能舍弃自己的性命，为保留革命之火杀出一条血路；正是因为有着坚定的革命信仰，所以红军在忍饥挨饿、疲惫不堪，面对高耸入云的雪山和荒无人烟、危机四伏的草地时，也能义无反顾地向前走下去。

信仰，犹如一颗红星，不仅照耀着中国的西北，而且照耀着全中国。人们因为坚信革命一定会取得胜利，所以毫不犹豫地加入中国工农红军。红军战士们放弃了自己的利益，把自己奉献给民族解放战争的伟业。他们深知，自己是为自由而战，为人民而战的。人民就像源源不断的助燃剂，让革命的火焰越来越旺，而那颗红星，也在烈焰中闪烁出耀眼的光芒。

如今，战争的硝烟已经散尽，但是红星，却永存于我们心中。

2 长　征

思维导图

瑞金

1934年10月，由于第五次反“围剿”失败，红军从瑞金开始长征。

血漫湘江

湘江战役是红军长征途中最惨烈的一战，红军人数由8万余人锐减至3万余人。

老山界

黎平会议

时间：1934年12月

内容：党中央决定进军遵义。

乌江

遵义会议

时间：1935年1月

意义：在革命的危急时刻使党对红军的军事领导走上正确的道路。

娄山关

四渡赤水

巧妙地迷惑了敌军，牢牢地掌握了战场的主动权。

巧渡金沙江

摆脱了敌人的围追堵截，取得了战略转移中的决定性胜利。

会理会议

时间：1935年5月

意义：确定了中央红军下一步的行动计划是向北前进，实现与红四方面军会合。

泸定桥

懋功会师

时间：1935年6月

会师队伍：红一方面军与红四方面军。

意义：壮大了红军的力量，极大鼓舞了全党、全军的胜利信心。

松潘草地

会宁会师

时间：1936年10月

会师队伍：红一方面军与红四方面军；红一方面军与红二方面军。

山城堡战斗

时间：1936年11月

意义：中国工农红军长征的最后一战，标志着长征的胜利。

名著导读

1 作者简介

王树增，1952年出生于北京市，中国军旅作家。著有长篇纪实文学《长征》《抗日战争》《解放战争》《朝鲜战争》，中篇小说《鸽哨》《黑峡》《月斑》等。其作品曾荣获“中国人民解放军文艺大奖”、全国“五个一工程”奖、鲁迅文学奖等。

2 主题归纳

《长征》是一部优秀的长篇纪实文学作品，堪称写长征的“史记”。作者以客观、真实的态度叙述历史，将长征放在人类历史的长河中进行考察，赋予了长征崭新的认知高度——长征是中国贡献给世界的最壮丽的英雄主义史诗，长征给予人类走向理想所必需的不灭信念。

3 艺术特色

1. 坚守真实性的原则。作品真实地再现了长征中血战湘江、四渡赤水、强渡大渡河等著名历史事件，生动展示了中国工农红军艰苦卓绝的斗争全貌。

2. 具有浓厚的文学色彩，故事情节跌宕起伏；以小见大，人物刻画细致入微。作者善于表现历史事件中的精彩细节，带着强烈的感情来表现长征中的“人”，使人物真正“活”了起来。

3. 革命英雄主义和革命浪漫主义情怀构成主旋律。长征途中，年轻的红军战士承受着极限考验，但他们却凭着坚定的革命信念，战胜了一个个看似不可能战胜的困难，他们身上始终散发出革命英雄主义精神和革命乐观主义精神。

4 人物形象

主要人物	形象分析
毛泽东	革命意志坚定，军事才能卓越，风趣乐观，求真务实。主要事迹有：①四渡赤水；②遵义会议确立了领导地位；③带领中央红军北上长征，建立根据地。
周恩来	信仰坚定，顾全大局，虚怀若谷，谦虚谨慎。主要事迹有：①领导南昌起义；②当选红军总政委；③坚决支持毛泽东的正确主张。
朱德	纯朴谦逊，忠厚英勇，平易近人，胸怀大局。主要事迹有：①红军长征总司令；②遵义会议上坚决支持毛泽东的正确路线；③与张国焘的分裂主义不断斗争。
彭德怀	作战勇敢，耿直刚正，廉洁奉公，严于律己，不计较个人得失。主要事迹有：①参加了许多重要战役；②同张国焘的分裂主义进行不懈斗争；③率领红军主力先行北上。
刘伯承	以“智将”著称，用兵如神，有勇有谋，神机妙算。主要事迹有：①智取遵义城；②组织了四渡赤水、强渡大渡河、巧过彝区等重大军事行动。
贺龙	性格直率，英勇善战，百折不挠，立场坚定，原则性强。主要事迹有：①率领红四方面军北上长征；②坚决拥护毛泽东的领导。

阅读分析

知识拓展

甘溪战役

1934年9月,红六军团在甘溪一带遭遇了敌军的伏击,虽损失惨重,但有效地牵制了敌军,减轻了中央红军的压力,完成了作为长征先遣队的光荣使命。

◆ **阅读感悟**:在敌众我寡的局势下,为了冲出重重包围,红军战士英勇作战,有着无比坚定的革命信念和大无畏的牺牲精神。

中考模拟

红军进行长征的原因是____________________。

参考答案:第五次反"围剿"失败

◆ **阅读感悟**:十送红军描绘了红军与苏区人民洒泪惜别的悲壮场景,反映了军民之间的鱼水情深,揭开了红军长征的序幕。

内容解读

注:标★的为重点情节

第一章　突出重围

1934年7月,由于局势日益恶化,第六军团接到中共中央的命令,撤出根据地,运用游击战,冲出敌人的包围圈,重新寻找一块生存之地。在敌人层层封锁和重重包围之下,第六军团在突围行动中损失惨重,其中甘溪战役最为惨烈。与此同时,第七军团攻打福州失败后也开始被迫转移。没有人意识到,红军第六军团和第七军团的转移,已经成为一个决定中国历史走向的事件即将发生的前兆。

★第二章　绚丽之梦

1930年,国民党军对红军开始了军事"围剿",在毛泽东等人的领导下,红军成功粉碎了国民党的四次"围剿"。但由于中共中央临时负责人博古和军事顾问李德等人在军事指挥上"左"的错误,导致第五次反"围剿"失败,使工农红军的处境变得十分艰难。面对日益恶化的形势,红军决定撤出中央苏区,进行大规模的军事转移。

第三章　十送红军

中共中央做出大规模军事转移的决定后,从舆论、物质、人员扩大等方面开始了准备工作。为分散国民党军对红军主力的追击,给主力部队转移尽可能争取时间,中共制订了一份"走留"名单,留下的便意味着九死一生。1934年10月10日夜间,中共中央率领着八万六千多人的红军队伍从瑞金悄然出发,开始了悲壮的、前途未卜的漫漫征程。

第四章　路在何方

蒋介石命令粤军严密封锁南端的防线,不让红军突围。粤军首领陈济棠为保存自身实力,并未全力围剿红军。红军顺利渡过桃江,突破了国民党设置的第一道防线之后转而西进,向湖南进发。面对由湘军和粤军组成的第二道防线,红军领导人抓住两军不协同作战的弱点,顺利突出重围。红军即将全部进入湘南,蒋介石决定全力追剿红军。毛泽东提议立即停止西进,转而向北走,但他的建议并未被理会,中革军委坚持继续西进,渡过湘江。

第五章　山河苍茫

1934年10月，在湖南省边界，贺龙领导的第二军团和萧克领导的第六军团会师后，不断进行移动作战，最大限度地牵制了湖南省内的国民党军队，缓解了中央红军的压力。在闽浙赣苏区，第十军团在撤离时遭到了国民党军队的多次“围剿”，粟裕率领的先头部队从敌人严密包围的缝隙中冲了出来，而方志敏和剩下的官兵经过五个小时左右的战斗，不幸被俘。面对敌人残酷的折磨，方志敏宁死不屈，他在牢房的墙壁上留下的遗言是：“敌人只能砍下我们的头颅，决不能动摇我们的信仰！”。与此同时，中央红军的官兵也在用生命和热血强渡另外一条大河——湘江。

第六章　橘子红了

国民党制订出了在湘江以东地区围歼红军的作战计划。中革军委不顾毛泽东等人的反对仍坚持西进，准备在敌人完成部署前，渡过潇水和湘江。11月22日，在白崇禧的消极防守下，中央红军终于撕开了湘江防线的一道缺口，艰难地渡过了潇水。当敌人再次夹击而来时，被封堵在潇水与湘江之间的红军意识到已经没有了退路，只能继续西进。28日，中央红军决定强渡湘江。

★第七章　血漫湘江

为了掩护军委纵队渡过湘江，中央红军主力部队在湘江两岸开始了异常艰难的阻击战。红三军团第五师面对敌人的火力猛攻，浴血奋战了整整三昼夜；第四师的官兵顶着数倍于己的敌人的疯狂进攻，顽强固守着阵地；同时，红一军团也在另一侧阻击追赶而来的敌军。经过了多天的鏖战，12月1日，中央红军终于渡过了湘江。湘江战役成为红军长征以来最惨烈、最惊心动魄的一战，红军人数从瑞金出发时的8万多人锐减到3万余人。湘江一战后，红军开始翻越长征以来的第一座高山——老山界。

第八章　恭贺新年

1934年12月，红军迅速占领了黎平，在这里召开了首次中央政治局会议——黎平会议。会议听取了毛泽东的建议，决定进军遵义。短暂的休整过后，红军开始向遵义方向移动。新年之后，红军迎来了前进道路上的又一个阻碍——乌江。为了赶在国民党主力部队到达前渡过乌江，红军将士凭借顽强的作战精神，突破了黔军的防线，成功强渡乌江，为北上遵义打开了通道。

知识拓展

方志敏

方志敏(1899—1935)，原名远镇，江西人，1924年加入中国共产党。1935年1月因叛徒告密不幸被俘，在狱中，方志敏面对敌人的威逼利诱，始终坚贞不屈，写下了《可爱的中国》等作品，于1935年8月6日在南昌英勇就义。

命运关口

毛泽东意识到，中国工农红军已经走到了一个不是灭亡就是新生的命运关口。

◆ **阅读感悟**：在敌我力量悬殊的情况下，中国工农红军用血肉之躯突破了敌人精心设置的封锁线，渡过了湘江，粉碎了蒋介石围歼中央红军于湘江以东的企图。

◆ **阅读感悟**：遵义会议确立了以毛泽东为代表的党中央的正确领导，它挽救了党，挽救了红军，挽救了中国革命，是中国共产党历史上一个生死攸关的转折点。

知识拓展

四渡赤水

四渡赤水是中国工农红军战争史上以少胜多、变被动为主动的光辉战例，取得了战略转移中具有决定意义的胜利。

◆ **阅读感悟**：张国焘对形势判断的失误，导致红四方面军放弃川陕根据地，不得不进行新的转移，使红军再次陷入了被动的局面。

中考模拟

________擅自做出了放弃川陕根据地的决定，导致红军被迫放弃大好的形势，开始了新的战略转移。

参考答案：张国焘

★第九章　夜郎之月

1935年1月7日，中央红军占领了遵义城。15日，中国共产党在遵义召开了政治局扩大会议，史称“遵义会议”。这次会议在革命的危急时刻使党对红军的“军事领导走上正确的道路”。国民党“追剿军”总指挥何键发出了向遵义全面进攻的作战命令。面对敌人的全面夹击，中央红军决定从遵义地区撤离，西渡赤水河。战争的接连失利使毛泽东意识到，面对敌众我寡的形势，必须在运动中打击敌人，才可能取得最终胜利。扎西会议急于解决的问题是，被围困的中央红军要到哪里去。毛泽东建议红军向东再渡赤水，回到遵义。

第十章　残阳如血

1935年2月11日，中央红军开始从扎西镇向东进发。几天后，中央红军出其不意地再次来到了赤水河边，二渡赤水河再度回到了贵州，迅速占领了黔北重镇桐梓。中央红军在经历了残酷的娄山关之战后，继续乘胜追击，重新占领了遵义城。3月7日，随着国民党中央军的逼近，遵义地区的局势日益严峻，中央红军决定撤出遵义。在国民党军的追剿下，红军三渡、四渡赤水河，巧妙地迷惑了敌军，南下过乌江再次进入云南境内。对于进入云南境内的中央红军来讲，生死仅在一瞬间的时刻已经成为历史。

第十一章　巴山蜀水

1935年1月，受中革军委的指示，红四方面军在发动了广昭战役后返回川北准备西渡嘉陵江，与中央红军会合。3月28日夜，渡江战斗正式打响。强渡嘉陵江后，红四方面军又迅速攻克了剑门关，占领了川北的广大区域。但是，张国焘却擅自做出了放弃川陕根据地的决定。

第十二章　金沙水畔

1935年4月下旬，中央红军已全部进入云南。在滇军的追击下，红军决定抢渡金沙江。红军避敌锋芒，抢夺皎平渡，由此渡过了金沙江，摆脱了几十万国民党军的围追堵截，取得了战略转移中的决定性胜利。巧渡金沙江后，红军召开了会理会议，会议确定中央红军的下一步计划是向北前进，穿过彝区，抢渡大渡河，实现与红四方面军的会合。

★第十三章　喜极之泪

1935年5月，在实行了正确的民族政策后，红军顺利通过了彝区，然后向大渡河进发。由于缺少船只，红军无法在安顺场渡口顺利渡河，只能做出一个冒险的决定：夺取泸定桥。29日，飞夺泸定桥的战斗打响了，与其说这是一场战斗，不如说是意志和勇气的较量。看着攀着光溜溜的铁索冲过来的红军战士，敌人目瞪口呆，惊恐万分。最终，红军战士凭借着不怕死的大无畏精神成功夺取了泸定桥，使中央红军顺利渡过了大渡河。6月中旬，中央红军在翻越了夹金山后与红四方面军在懋功顺利会师。

飞夺泸定桥

由于缺少船只，红军无法在安顺场渡口顺利渡河，只能做出了一个冒险的决定：夺取泸定桥。

★第十四章　黑暗时刻

1935年6月，中共中央在两河口召开了政治局会议，史称“两河口会议”。会议未采纳张国焘的西进建议，而是通过了毛泽东的北进计划。两河口会议后，张国焘与毛泽东之间的政治矛盾日益加剧。由于松潘战机的延误，中革军委决定将红军混合编为左右两路军，在中共中央统一指挥下，穿越松潘大草地，继续北上。张国焘在北上途中不顾毛泽东等人的劝阻，擅自对左路军下达了南下命令，而毛泽东则带领着少数红军继续北上。

中考模拟

1935年6月，中共中央在两河口召开了政治局会议，会议上没有采纳张国焘的西进建议，而是通过了________的北进计划。

参考答案：毛泽东

第十五章　北斗高悬

1935年7月，红二十五军在与中共中央失去联系的情况下，做出了正确的战略性决策：配合中央红军北进，去陕甘苏区。随着处境的越发艰难，红二十五军决定不再等待主力红军，直接往北去寻找陕北红军。9月中旬，红二十五军抵达了陕西省永坪镇，与刘志丹的红二十六、红二十七军顺利会合。同时，在攻克了天堑腊子口、翻越岷山后，中央红军终于走出了艰难的困境。

第十六章　天高云淡

1935年10月，一路北上的陕甘支队翻越了六盘山，在战斗中缴获了大量的物资和装备，并在青石嘴建立了第一支骑兵部队，令红军士气大增。此时，率领红四方面军南下的张国焘却宣布成立了另一个“临时中央”，这在中国共产党党史中是一次绝无仅有的分裂事件。不久，百丈关一战便使张国焘坚持南下的计划彻底梦碎，红四方面军从战略进攻被迫转为战略防御。而远在陕北的

◆ **阅读感悟：**青石嘴战斗，红军打消了对国民党军骑兵的惧怕，并缴获了大量物资，中央红军的第一支骑兵部队在青石嘴诞生了。

◆ **阅读感悟**：直罗镇战役的胜利，再次证明了以毛泽东同志为核心的党中央和红军领导集体的正确领导是中国革命走向胜利的根本保证。

红一方面军在直罗镇战役中取得了胜利，终于有了一个可靠的立足点以及谋求新发展的出发点。1935年12月9日，当北平学生高呼着“停止内战，一致对外”的口号走上街头时，毛泽东敏锐地意识到，经历了重重磨难的中国工农红军，将要与一个能够改变历史的巨大机遇迎面相逢了。

第十七章　北上北上

1935年12月17日，在陕北召开的瓦窑堡会议修正了党的政治策略，提出了要建立“最广泛的民族统一战线”，并讨论了红军接下来的军事战略问题，会议最终接受了毛泽东提出的红军东征的主张。1936年3月，为了尽快与红四方面军会合，红二、红六军团渡过金沙江，翻过大雪山，历尽千难万险后终于在5月到达云南境内。同年4月，张国焘在军事和政治的双重压力下决定北上。7月初，红二、红六军团与红四方面军在甘孜会师。

★第十八章　江山多娇

红二方面军与红四方面军会师后，部队积极准备北上。1936年7月，红二、红四方面军分三队开始北上，翻越了大雪山，再一次进入了松潘大草地。8月5日，红二、红四方面军终于走出了大草地，沿着北上红军的路线继续前进。10月9日，红四方面军到达会宁，与前来接应的红一方面军会师，10月22日，红二方面军与红一方面军会师。11月，为了遏制国民党军的大举进攻，双方进行了山城堡战斗，红军取得了最后的胜利，这是中国工农红军长征的最后一战。11月23日，中国工农红军第一、第二、第四方面军在山城堡集会。三大主力的会师，标志着红军二万五千里长征胜利结束。从此，中国革命转危为安，开始了一个新局面。

中考模拟

红军长征胜利的标志是三大主力的会师，这三大主力是(　　)

A. 红一、红二、红三方面军

B. 红一、红二、红四方面军

C. 红一、红三、红四方面军

D. 红二、红三、红四方面军

参考答案：B

3 飞向太空港

思维导图

- **飞向太空港**

- 通向宇宙的门前
  - 西昌
    - 同步卫星的故乡
    - 温伯格参观
  - 发射场
    - 暴发过泥石流
    - 发射场如战场
  - 酒吧
    - 采访美国专家
    - 最重要的问题
- 历史，从昨天的弯道走来
  - 历史
    - 尼克松访华
    - 第一颗同步卫星发射
  - 进入国际市场
    - 人物
      - 上官世盘
      - 乌可力
      - 陈寿椿
    - 经过
      - 参加展览会
      - 承揽业务
    - 影响
      - 走向世界
      - 举起旗帜
  - 国际形势
    - 美、法发射失败
    - 对中国十分有利
  - 谈判
    - 人物
      - 团长：孙家栋
    - 经过
      - 艰难谈判
    - 结果
      - 与美国达成协议
- 卫星，一次总统待遇的远行
  - 运送“亚洲一号”
    - 遇暴风雪
  - 护送升降平台
    - 人民帮助
  - 卫星的装卸
    - 促中美友谊
- 火箭，另一个伟大的文明
  - 中国火箭的历史
    - 古不受重视
    - 今奋起直追
  - “长征三号”主要设计者
    - “总总师”任新民
    - “带头羊”谢光选
    - “土八路”王之任
  - 中箭与美星
    - 反复谈判、磨合
- 我们都是地球人
  - 生活方式差异巨大
  - 对手和朋友
    - 限制活动区域
    - 互相指导学习
  - 打赌
    - 以烤鸭为赌注
- 跨越国界的飞行
  - 发射日期
    - 计划4月5日
    - 最终4月7日
  - 发射日天气
    - 阴云密布
  - 措施
    - 召开会议
    - 把握精准时机
  - 结果
    - 圆满成功
- 尾声
  - 世界各地报纸争相报道
  - 大大提高了中国的威望

名著导读

1 作者简介

李鸣生，1956年出生于四川，“鲁迅文学奖”获得者，中国报告文学学会副会长。著有长篇报告文学《中国863》《震中在人心》及“航天七部曲”等。被文学界称为“中国航天文学第一人”。

2 主题归纳

《飞向太空港》是一部优秀的报告文学，它以作者实地采访获得的第一手资料为支撑，全景式地描绘了1990年4月7日，中国在西昌卫星发射场成功用“长征三号”火箭将美国“亚洲一号”卫星送入太空的全过程。刻画了一群默默耕耘的航天人形象，歌颂了中国航天人锐意进取的工作作风和无私奉献的优秀品质。

3 艺术特色

1. 全景式、画卷式的报道方式。《飞向太空港》把“亚洲一号”卫星发射作为一个历史事件，结合当时的国内外政治环境、科技发展水平、东西方文化差异等进行全面的叙述和分析。

2. 历史背景悲壮，格局气势恢宏。《飞向太空港》为我们展示了两幅画面：一幅是世界航天史，一幅是中国航天史。作品叙述了中国航天事业的坎坷发展之路，让我们看到了中国航天人筚路蓝缕的创业史和感人至深的航天精神。

3. 具有小说般的故事叙述和人物塑造。《飞向太空港》成功塑造了几个典型人物，如认真谦虚、胸怀宽广的“总总师”任新民，在他们身上集中体现了中国航天人的精神品质。

4 人物形象

主要人物	形象分析
任新民	两弹元勋之一，中国通信卫星工程五大系统的总设计师，人称“总总师”。外表朴素，性情和善，善于钻研，敢于承担责任。开会总是提前到达会场，坐在最后一排；火箭总检查时要求不能带一丝隐患。
胡世祥	西昌卫星发射基地副司令员，“亚洲一号”卫星发射现场副指挥长。才思敏捷，有胆有谋。敢于拍板，敢于负责。极富幽默感，说话喜欢开玩笑，被称为“幽默大师”；与江·可达用烤鸭打赌天气。
上官世盘	中国卫星发射测控系统部副主任。思维敏捷，善于审时度势，经常在会议中一锤定音。与司令员侯福打赌天气，输过两只烤鸭。
乌可力	中国长城工业公司副总经理。性情刚毅，豪爽大方，宣布“长征三号”火箭将投入国际发射市场。随中国商业卫星发射服务代表团“游说”美国。
孙家栋	中科院院士，能言善辩，精明睿智。代表中国与外国卫星公司谈判并签订协议。

名著详解

内容解读

注:标★的为重点情节

第一章　通向宇宙的门前

基地历史 → 中美建交 → 观看录像 → 紧张工作

西昌卫星发射中心即将发射美国卫星。

西昌位于四川省南部,1984年,中国第一颗同步通信卫星在此成功发射,到1990年3月,这里已经成功发射了6颗卫星,发射成功率高达百分之百。基地于1986年宣布对外开放,承揽外国卫星发射业务。1986年,美国国防部长温伯格访华,邓小平邀请他参观中国西昌卫星发射基地,基地副司令员佟连捷带他观看了"长征三号"运载火箭从运输、测试、组装到发射成功的全过程的录像,获得高度评价。

发射前夕,所有相关人员都投入到了紧张的工作中。尽管工作环境极其恶劣——不仅发生过泥石流灾害,而且住宿条件简陋,但无论是高级领导,还是普通士兵,都凭借一股顽强不屈的精神,为卫星发射而忙碌着。

★第二章　历史,从昨天的弯道走来

打入国际市场 → 国际航天形势 → 陷入困境 → 签订合约

1984年4月8日,"长征三号"火箭将中国第一颗同步通信卫星送入了太空,震惊了世界。1985年4月,国防科工委召开了关于"长征三号"运载火箭发射外星可行性的论证会。会议认为中国应该将自己的航天技术打入国际市场。6月,在巴黎举行的国际航空航天展览会开幕式结束的第二天,乌可力宣布中国的"长征三号"火箭将投入国际商业发射市场。1986年的国际航天形势,对中国的火箭打入国际商业市场十分有利。

1986年夏,中国"长征三号"运载火箭第一次在美、英、法、日、澳等数十个国家的代表面前正式亮相,并经受了对方各种各样的考验,形势一片大好。但由于与中国签订协议的几家卫星公司纷纷倒闭,中国火箭打入国际市场的脚步被迫停止了。

1988年,世界航天重振雄风,咄咄逼人的航天局势威胁着中

阅读分析

中考模拟

我国第一颗同步通信卫星发射于________年,从此________卫星发射基地闻名世界。

参考答案:1984　西昌

知识拓展

1986年的航天形势

1986年,美国的"挑战者号"航天飞机、"大力神-34D"火箭、"德尔塔"火箭,法国的"阿里亚娜"火箭均发射失败,航天史上连续四次罕见的大失败,迅速改变了世界商业卫星发射市场的行情。

初涉国际市场

与中国签订协议的几家卫星公司纷纷倒闭,中国初涉国际市场就遭遇了挫折。

◆ **阅读感悟**：中美双方经过二十多天的谈判，从第一稿谈到第十稿，终于草签了协议文件。从中可以看出中国进入国际市场的困难以及专家们认真执着、锲而不舍的精神。

◆ **阅读感悟**："亚洲一号"卫星乘专机来到中国，表明了美国对此次卫星发射的重视。

知识拓展

升降平台

升降平台是机场专门用来装卸飞机上货物的一种大型设备。由于运输卫星的飞机非常高大，卫星和设备集装箱要从飞机上卸放到地面，就必须依靠升降平台。

国的航天事业。但是，"长征三号"火箭的又一次成功发射使世界的目光再次转向中国。亚洲卫星公司购买了美国休斯公司的"亚洲一号"卫星，并决定让中国"长征三号"火箭将其送入太空。

1988年11月24日，以孙家栋为团长的中国代表团前往美国进行第二轮关于卫星商业发射服务问题的会谈，谈判过程非常艰难，双方谈了二十多天，一直谈到第十稿，终于达成一致。1989年，在人民大会堂，中方代表乌可力和亚洲卫星公司执行总裁薛栋签署了用"长征三号"火箭发射"亚洲一号"卫星的正式合同。

第三章 卫星，一次总统待遇的远行

运送升降平台 → 沿途百姓的帮助 → 语言障碍 → 协力装卸卫星

起运"亚洲一号"卫星需要升降平台，北京虽然有符合条件的升降平台，但运输却十分困难。最后铁道部特批了一趟专列，把升降平台从北京先运到成都，再从成都运到西昌，途中得到了老百姓的大力支持和帮助。

"亚洲一号"卫星在西昌机场卸机时，驾驶员是中国师傅，而指挥的是美方人员，由于语言不通，工作无法协调。最后，由一位美国卫星专家亲自操车，在中美双方的协同配合下，顺利完成了卫星的装卸工作。令人感动的是，在极度饥渴劳累的情况下，一罐饮料在中美技术工作人员手中互相谦让。在听到这个故事时，作者想起了中国人十分熟悉的电影——《上甘岭》。

第四章 火箭，另一个伟大的文明

火箭的故乡 → 独立研制火箭 → 火箭功臣 → 星箭过渡锥

中国是火箭的故乡，近百年来却几乎没人见过火箭。1956年，钱学森向周恩来呈上了《建立国防工业意见书》，为中国火箭和导弹技术的发展提出了重要的实施方案。

1964年6月29日，中国第一枚自行设计的中近程火箭发射成功，从此，中国开始了独立研制火箭的历史。1984年4月8日，中国自主研制的“长征三号”运载火箭发射成功，将中国第一颗通信卫星送入太空。“长征三号”火箭的成功离不开它最亲密的伙伴——“总总师”任新民、“带头羊”谢光选和“土八路”王之任。

中国火箭发射美国卫星遇到了诸多难题。为了能让美国的卫星与中国的火箭对接、分离成功，刘素云和曹丽君两位女专家在半个月内成功研制出了符合国际标准的星箭过渡锥。

★第五章　我们都是地球人

待客之道 → 语言意识 → 通信问题 → “中外首脑协调会”

中美的文化差异巨大，为了照顾美国专家，中方不仅尽力改善美方专家的伙食，还举办乒乓球、台球、健身等活动，允许他们在山中骑车旅游，尽量满足他们的生活需求。

卫星进入测试厂房后，厂房的大门就对中方紧紧关闭。美国政府为了防止卫星技术泄露，特派出十八名经过政府安全规程训练过的保安人员。对此，中方也做出了对等的政策：在发射场附近，中方对美方有许多限制区域。中美双方既要相互防范，又必须共同合作，使得中国箭与美国星的联试工作变得相当艰难。

西昌卫星基地在此之前成功发射了五颗同步卫星，但并非所有的做法都是国际标准，但是美国人来了，一切得按国际标准来。即使这样，中方还是通过努力达到了美方的要求，中国专家顽强的意志和精神让美国人感到震撼和敬佩。

“亚洲一号”发射过程中，遇到的一大障碍就是语言问题。从生活到工作，时时事事都离不开翻译。这次中美语言的碰撞，唤醒了中国航天人的语言意识，人们意识到英语是发射场必不可少的交流工具。

中国的通信与西方先进国家的相比，是相当落后的。在“亚洲一号”卫星发射过程中，通信问题一度令美国人非常生气，纷纷提出要离开中国，但在得知通信系统刚被泥石流冲毁，中方已经尽最大努力抢修后，他们立刻表示歉意，并积极想办法帮助中方解决基地通信问题。

在发射场，一旦双方产生矛盾，或者需要技术协调时，往往通过开会来解决，这个会被称为“中外首脑协调会”。“中外首脑协调会”是严肃的，同时也是充满笑声的，加拿大高级顾问江·可达和

人物简介

- **谢光选：**“长征三号”火箭总设计师，口齿伶俐，风趣幽默。
- **王之任：**“长征三号”火箭副总设计师，勇敢坚毅，巾帼不让须眉。

热情好客的中国人

中美双方在生活习惯上存在着巨大差异，在中方的努力下，中国人的热情和诚恳，感动了美国朋友。

◆ **阅读感悟：**从美方工作人员态度的转变中，可以看出中国航天人的不懈努力，突出了中华民族吃苦耐劳、团结一致的美好品质。

中考模拟

“亚洲一号”卫星准备发射期间，困扰中外双方的最大问题是__________。

参考答案：语言问题

担忧

发射当天天气状况很差，吴传竹望着窗外，眼中充满了担忧。

副指挥长胡世祥就经常通过打赌的方式增添工作乐趣。

★第六章 跨越国界的飞行

气象影响 → 推迟发射 → 当断则断 → 发射成功

中方气象部门通过预测，建议卫星发射日最好预定在4月5日，然而对方坚持4月7日发射，中方为了顾全大局，将发射日定在4月7日，但声明若因天气原因不能发射，后果由对方负责。

发射日天气条件不佳，气象处处长吴传竹说晚上共有三个"发射窗口"适合发射，经专家们商量后决定：第三级火箭可以加注。下午，火箭正在加注时突然出现雷雨天气，胡世祥只好下令暂时关闭发射平台，任新民决定中止发射程序。

指挥控制中心早已宾客满座，这次的卫星发射将会实况直播，眼看前两个"发射窗口"都要错过，胡世祥果断提议，瞄准第三个"发射窗口"。

发射现场总指挥沈荣骏非常清楚，今晚的发射只能成功，不允许失败，否则国家不仅蒙受巨大损失，而且中国火箭也会失去信誉、失去用户、失去打入国际市场的竞争能力。

21点整，万众瞩目的"发射窗口"终于打开了。时间在一分一分地逼近，随着一声"点火——"，火箭腾空而起。指挥控制大厅掌声和欢呼声震耳欲聋。"亚洲一号"卫星发射任务圆满完成！

24点，亚洲卫星公司在西昌腾云楼宾馆举行庆祝宴会。三百多名中外来宾欢聚一堂，表达着内心的激动与狂欢。在发射场之外的全国各地，人们也用自己不同的方式庆祝这历史性的一刻。

尾声 走向新大陆

美国休斯公司副董事长鲍夫曼对卫星发射大加称赞，认为卫星发射时间准，入轨精度高。英国《泰晤士报》、苏联《消息报》等媒体纷纷报道了此次发射，中国与美国，东方与西方，第一次成功地在二十五亿亚洲人头顶的上空，架起了一座空间文明的桥梁。相信在世界的明天，全人类也将携手并肩，继续探索、开拓宇宙空间。

中考模拟

"亚洲一号"卫星发射时间定在________，最终通过第______个"发射窗口"成功发射。

参考答案：4月7日　三

◆ **阅读感悟：**"长征三号"火箭的发射过程并非一帆风顺，但是凭借对天气的准确预测，以及专家果决的指挥，最终圆满完成了发射任务。

4 昆虫记★

思维导图

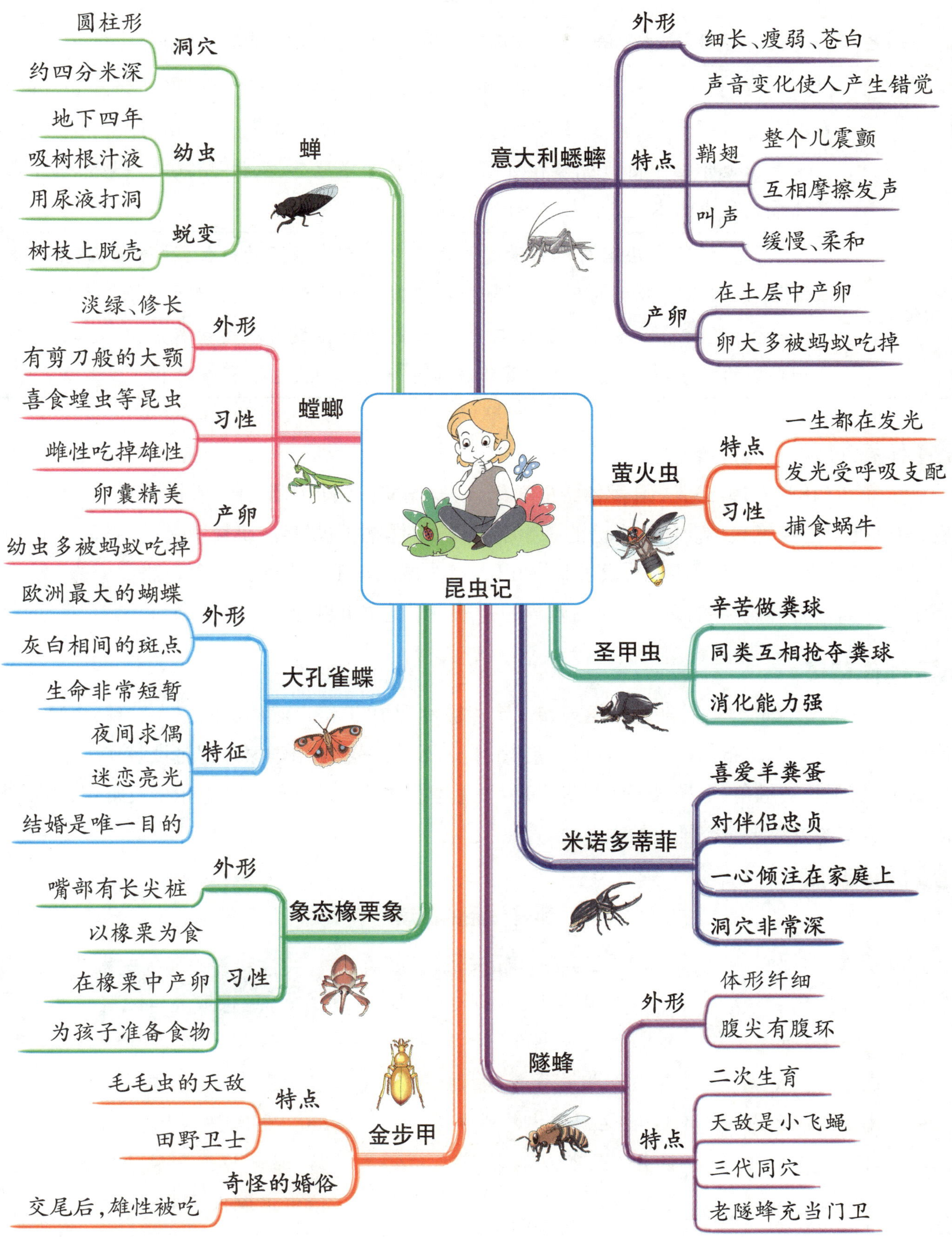

昆虫记
蝉
洞穴
圆柱形
约四分米深
幼虫
地下四年
吸树根汁液
用尿液打洞
蜕变
树枝上脱壳
螳螂
外形
淡绿、修长
有剪刀般的大颚
习性
喜食蝗虫等昆虫
雌性吃掉雄性
产卵
卵囊精美
幼虫多被蚂蚁吃掉
大孔雀蝶
外形
欧洲最大的蝴蝶
灰白相间的斑点
特征
生命非常短暂
夜间求偶
迷恋亮光
结婚是唯一目的
象态橡栗象
外形
嘴部有长尖桩
习性
以橡栗为食
在橡栗中产卵
为孩子准备食物
金步甲
特点
毛毛虫的天敌
田野卫士
奇怪的婚俗
交尾后，雄性被吃
意大利蟋蟀
外形
细长、瘦弱、苍白
特点
声音变化使人产生错觉
鞘翅
整个儿震颤
互相摩擦发声
叫声
缓慢、柔和
产卵
在土层中产卵
卵大多被蚂蚁吃掉
萤火虫
特点
一生都在发光
发光受呼吸支配
习性
捕食蜗牛
圣甲虫
辛苦做粪球
同类互相抢夺粪球
消化能力强
米诺多蒂菲
喜爱羊粪蛋
对伴侣忠贞
一心倾注在家庭上
洞穴非常深
隧蜂
外形
体形纤细
腹尖有腹环
特点
二次生育
天敌是小飞蝇
三代同穴
老隧蜂充当门卫

名著导读

1 作品名片

书名	《昆虫记》	作者	法布尔	作者国籍	法国
别名	《昆虫世界》《昆虫物语》	成书时间	1907年全书首次出版		
主要内容	《昆虫记》共十卷，在书中，法布尔依据其毕生从事昆虫研究的经历和成果，以人性观照虫性，以虫性反映社会人生。作者用通俗易懂、生动有趣的语言，深入浅出地介绍了他所观察和研究的昆虫的外部形态、生物习性，真实地记录了几种常见昆虫的本能、习性、劳动、死亡等。				
价值及意义	《昆虫记》在法国自然科学史与文学史上都有很高的地位，被誉为“昆虫的史诗”。法布尔用散文的形式，详细记述了昆虫的生活和为生活以及繁衍所进行的斗争，为昆虫的世界注入了人文精神，使昆虫世界成为人类获取知识、趣味、美感和思想的文学形态，也使这部著作成为“一部很有趣，也很有益的书”（鲁迅语）。				

2 作者简介

法布尔（1823—1915），法国著名**昆虫学家**、**科普作家**。法布尔出身于农民家庭，自幼便对昆虫感兴趣。他将自己的一生都投入了对昆虫的观察和研究中，《昆虫记》就是他在自己的荒石园中，通过观察和研究，为昆虫写出的大部头巨著。法布尔被人们称为“科学界的诗人”“**昆虫世界的荷马**”和“昆虫世界的维吉尔”。

3 创作背景

生物进化论、**细胞学说**、**能量守恒与转化定律**被称为19世纪自然科学的三大发现，生物进化论的影响尤其大。法布尔也受到这种思潮的影响。那时，一般昆虫学家是把昆虫装在木盒里，浸在酒精里，观察其触角、上颚、翅膀、足等，极少去思考这些器官的功能。法布尔一反常规，用野外**观察**和**实验**的方法来研究昆虫的本能与习性。

4 阅读方法

科普作品的阅读

借助前言、后记或附录

了解作家的生平事迹、科学成就和全书的大致内容，为阅读整本书做些准备。

&

查阅工具书和相关资料

在阅读中，遇到专业性较强的概念、术语，要查找工具书或相关资料，把握其含义；要运用课内外所学，深化认识；还可以质疑问难，拓展延伸。

&

关注科普作品的艺术趣味，汲取人生智慧

科普作品，一般都结构严谨，逻辑严密，兼有理趣和情趣。要体会其中蕴含的科学思维、科学理念和科学精神，在阅读中汲取人生智慧。

名著详解

内容解读

注：标★的为重点情节

荒 石 园

荒石园 → 活的实验室

荒石园是一块偏僻荒芜的不毛之地，与闹市隔绝，但却是法布尔情有独钟的地方，他打算将这个地方变成一座活的昆虫实验室。荒石园里生长着矢车菊、犬齿草等植物，聚集着种类繁多的膜翅目昆虫，如黄斑蜂、壁蜂等。法布尔将昆虫们视为朋友。

法布尔认为可以通过研究昆虫的本能、习性和生活方式等，给农业等方面带来巨大的帮助。

昆虫的装死

大头黑步甲的装死行为 → 烟黑吉丁的装死行为

法布尔想研究昆虫的装死行为。他首先选择了凶狠的剖腹杀手——大头黑步甲。通过观察，他发现大头黑步甲第一次复苏需要二十分钟左右，但若再次抓住它，它便又立刻装死，而且时间一次比一次长，有时竟能持续五十分钟。大头黑步甲装死时，如果感到自己的安全受到威胁，便会立即结束装死状态，逃之夭夭。

法布尔还选择了另一种善于装死的昆虫——烟黑吉丁。这种昆虫喜欢酷热，法布尔先将它放在瓶子里，装进盛有冷水的木桶，发现它能保持五个小时的静止状态；又向瓶里滴了几滴乙醚，发现它直到夜里才恢复常态。得出了“对碰撞震动和降低温度比较敏感的昆虫，同样对乙醚所产生的作用也很敏感”的结论。

法布尔还研究了叶甲虫、食尸虫、瓢虫等多种昆虫，发现它们都是静止几分钟甚至几秒钟便恢复了活力，还有些昆虫根本不采用装死这一招，与研究前的设想存在很大差别。因此，法布尔认为，不经过实验不能轻易下断言，否则纯粹是一种臆测。

阅读分析

荒石园

荒石园对于膜翅目昆虫来说是天堂。昆虫们每天忙忙碌碌，建设自己的家园。

知识拓展

膜翅目昆虫

膜翅目昆虫包括蜂、蚁类昆虫，是昆虫纲中第三大的目（次于鞘翅目和鳞翅目），广泛分布于世界各地，以热带和亚热带地区种类最多。膜翅目的名字来自其膜一般的、透明的翅膀。

◆ **阅读感悟**：法布尔通过不断实验观察，发现昆虫的装死行为与他设想的大相径庭。因此，他认为必须通过实验得出结论，否则纯粹是一种臆测。

◆ **阅读感悟：**法布尔通过观察发现，抢劫时决不退缩的是蚂蚁，而甘愿与这些强盗分享甘露的是蝉。昆虫的生命和生活习惯自有奥秘，并非人们印象中的那样。

★蝉和蚂蚁的寓言

《蝉和蚂蚁》的寓言 → 为蝉正名

由于《蝉和蚂蚁》这则寓言，人们总把蝉看作凛冽寒风中的乞讨者。通过仔细观察，法布尔发现蝉是个掘井者，蚂蚁经常将蝉在树上钻出的水井据为己有，是个名副其实的侵略者、强盗。法布尔引用阿纳克雷翁的诗句“你几乎就像诸神明一样”赞美蝉，为蝉正名。

蝉的蜕变

蝉蜕变时，旧壳除了背部的裂缝之外，并无破损。壳牢牢地挂在树枝上，经常一挂就是好几个月。

★蝉 出 地 洞

蝉的筑洞过程 → 蝉的蜕变

法布尔认真观察了蝉的洞穴，发现洞口是圆的，直径约二点五厘米，深度约四分米，整个洞穴呈圆柱形，洞壁并不十分光洁。幼虫筑洞时，通常会花费几周甚至几个月的时间耐心挖土、清道、加固洞壁，但不会把地表挖穿，与外界隔着一指厚的土层。

蝉在地下一般要待四年之久，它们通常会选择有小树根的地方筑洞，让根须嵌入洞壁，以便随时汲取水分。它们挖土时，先用尿将粉状泥土浇湿，然后用身体将泥土压在洞壁上。蝉出洞后，先寻找一个空中的支点，然后花费大约半个小时的时间蜕变，刚出壳的蝉，双翼湿润透明，身体呈浅绿色，经过几个小时的阳光照射，体色逐渐变深，等到完成体色改变，蝉就飞走了，只留下旧壳牢牢地挂在树枝上。

◆ **阅读感悟：**外表典雅优美的螳螂却是一个不折不扣的刽子手，它们不仅对待猎物凶残，对自己的同伴更加残忍，甚至就连自己的孩子也毫不关心。法布尔站在人性的视角对螳螂进行了观察和研究，发现螳螂的外貌和习性存在巨大反差。

★螳 螂 捕 食

美丽的外貌 → 凶残的习性 → 螳螂的卵囊

人们曾将螳螂看作一个传达神谕的女预言家、沉湎于神秘信仰的苦修女，但法布尔通过观察发现，螳螂虽然看似典雅优美，但它祈祷似的神态却掩藏着许多残忍习性，它专吃活食，是昆虫界和平居民的老虎，是凶神恶煞般的刽子手。

经过研究，法布尔发现，雌性螳螂饭量极大。随着产卵和交配季节的临近，它们的性情越发残忍，会相互挑衅、搏斗，甚至吞食对方。法布尔为其找来雄性螳螂做伴侣，它们却常在交配完的当天或第二天，残忍地吃掉雄螳螂。

雌螳螂将卵囊造得十分精致，但对自己的孩子毫不关心，产完卵便冷漠地离开。

灰蝗虫

灰蝗虫的幼虫 → 灰蝗虫的蜕变过程

灰蝗虫是蝗虫族类中的巨人，它的身体有一指来长，在九月的葡萄树上常常见到它。灰蝗虫的幼虫通常呈嫩绿色，前胸呈明显的流线型，后腿粗壮有力，长长的小腿上长着双面锯齿。

灰蝗虫的蜕变快得出奇，它们首先让旧外壳裂开，将背部和头部拱出来，然后让前腿、鞘翅、翅膀和后腿从旧壳中脱离，几分钟以后，身体脆弱的部位渐渐变得坚硬，等脊椎能用力时，灰蝗虫一个挺身，由倒悬变成正挂，它的蜕变就完成了。

绿蝈蝈

优美的外表 → “嗜食昆虫者”

绿蝈蝈体形优美，身轻体健，是蝗虫科昆虫中最优雅美丽的。绿蝈蝈经常捕食树上的蝉，于是法布尔干脆用蝉来喂养它们。通过观察，法布尔发现蝈蝈是个“嗜食昆虫者”，尤其爱吃没有过硬甲胄保护的昆虫。它们性格自私自利，甚至同类之间也会相残。雌雄蝈蝈交配结束后，雌性产卵管根部下方吊挂着一个装精子的口袋，雌蝈蝈会吸尽其中的东西，甚至连皮囊也吞咽下去。

★大孔雀蝶

关于大孔雀蝶的实验 → 实事求是的精神

为了弄清楚大孔雀蝶依靠什么在夜间求偶，法布尔做了大量的实验，结果证明，大孔雀蝶能在夜间从几公里外的地方准确找到伴侣，依靠的并不是光线、声音和气味。法布尔发现，只要将囚禁雌性大孔雀蝶的囚室关得严丝合缝，便能阻断信号的传递。大孔雀蝶生命的唯一目的是结婚，它对进食为何事一无所知。法布

中考模拟

螳螂的外貌和它的性情有怎样的反差？

____

____

参考答案：螳螂外表典雅优美，像虔诚的祈祷者，实际上却是专吃活食的刽子手。

绿蝈蝈

蝈蝈是个“嗜食昆虫者”，只吃自己捕获的猎物，它们还知道肉食热量太高，需要用菜叶等素食加以调剂。

◆ **阅读感悟：**结婚是大孔雀蝶一生的唯一目的，它们具备一种奇妙的天赋，能够飞过长距离，穿过黑暗，越过障碍，发现自己的意中人。它们的生命虽然短暂，但却足够精彩。

尔长期研究，仍没有揭开大孔雀蝶身上的秘密，因为蝶茧已经用光，所以不得不放弃研究。

小阔条纹蝶

小阔条纹蝶的来历 → 气味的秘密

小阔条纹蝶就是橡树蛾，因为雌性橡树蛾的外表是棕红色的，所以又叫布带小修士。法布尔将发育成熟的小阔条纹蝶放在网罩中，几天过后，飞来六十多只雄蝶。法布尔用一块布蒙住网罩，将樟脑等气味大的物品放在网罩旁，但是雄蝶依然能找到网罩。经过再次实验，法布尔发现雌蝶肚子蹭过的地方，会浸透某种气味，雄蝶就是凭着这股气味，准确找到雌蝶的。

小阔条纹蝶

雌性小阔条纹蝶停留过一段时间的任何东西都很容易浸润它的气味，从而吸引雄蝶前来。

★象态橡栗象

象态橡栗象的耐心 → 产卵的地点及方法

象态橡栗象属于象虫科，它的嘴上叼着一只长烟斗，这烟斗细如马鬃，棕红色，几乎笔直。橡栗象将自己的卵产在橡栗果仁的底部，因为那里有适合新生儿的食物。产卵时，橡栗象首先会确定橡栗没有被同伴占据，然后才开始钻探。钻探过程中，雌性橡栗象会鉴定里面的食物，如果对其不满意，便会弃之而去。

钻探工作完成后，橡栗象便转过身来，把腹部末端贴在孔上，然后腹部的内喙便可下探到橡栗底部，完成产卵的工作。

◆ **阅读感悟**：观察象态橡栗象是一件非常考验耐心的工作，法布尔常常花费几个小时，甚至半天左右，这体现了他一丝不苟的工作态度，坚持追求真理、探索真相的科学精神。

豌　豆　象

豌豆象的外观习性 → 豌豆象的幼虫与天敌

法布尔将豌豆象称为“税务官”，它们小头，大嘴，身着缀有褐色斑点的灰衣裳，长有扁平的鞘翅，身材矮粗。由于没有尖尖的喙，它们只能露天产卵，将卵产在豌豆荚上或豆荚隔膜内。

豌豆象的卵呈琥珀黄色，圆柱状，长不过一毫米。幼虫孵化出来以后，往往一粒豌豆中钻入多个幼虫，通常居于豆粒中心的

豌豆象

豌豆象在长有蝴蝶般白翅膀的花上安营扎寨，有些居于花的旗瓣上，有些则藏于龙骨瓣的小盒子里。

幼虫发育最快，当它的个头比竞争对手们大的时候，其他幼虫便自动停止进食，静静地等待死去。酷暑来临，豌豆变硬，幸存的幼虫用自己的颌钻出一个安全门，九月的时候，豌豆象便爬了出来。

有一种小蜂是豌豆象的天敌，它们会利用探测尖桩探测到豌豆象的幼虫或蛹，然后在上面产下一只卵，有效地消灭豌豆象。

菜　豆　象

菜豆的来历 → 关于菜豆象的实验

法布尔通过阅读古老的典籍以及从传闻推测出，菜豆是从别处引进来的。也存在另一种可能，即其他豆子的产量丰富，象虫有足够的食物，所以不打菜豆的主意。

为了验证自己的猜想，法布尔把新生的象虫放到自己的试验田中，发现象虫不在豆荚上产卵，也不蛀蚀菜豆；又在广口瓶中放入新鲜豆荚和菜豆象，发现菜豆象将卵产在瓶壁上，而幼虫宁可饿死也不吃菜豆。法布尔发现，原来菜豆象不像豌豆象那样喜欢吃新鲜的豆子，而是喜欢储存在仓库中的干豆子。

菜豆象对粮仓中储存的豆类危害很大，一粒菜豆上常常有二十多只菜豆象，而且它们一年可以繁殖三四代，是可怕的入侵者。

★金步甲的婚俗

凶狠的吞食者 → 奇怪的婚俗

金步甲是毛虫的天敌，它是菜园和花坛的田野卫士，人们称它为园丁。法布尔通过研究发现，金步甲还是个凶狠的吞食者。

法布尔捉住一只受伤的金步甲，把它放入盛有金步甲的玻璃瓶中，第二天他发现那只金步甲已经死了，外面的肢体完好无损，只是肚子被开了膛，内脏被掏了个精光。接下来一段时间里，陆续有金步甲死去，死法如出一辙，而且死者都是雄性。原来这便是金步甲的“婚俗”，婚配结束后，雌性金步甲便把对方当作猎物，将它杀死以结束婚姻。这种现象还存在于螳螂和朗格多克蝎身上。

松树鳃角金龟

松树鳃角金龟的外貌 → 松树鳃角金龟的歌声

松树鳃角金龟正式名称为“缩绒鳃角金龟”，它仪表堂堂，服

中考模拟

请简要概括菜豆象的习性和危害。

____

____

参考答案：菜豆象不喜欢吃新鲜的豆子，而喜欢仓库中储存的干豆子。它们对粮仓中的豆类造成严重的威胁。

知识拓展

《昆虫记》中的有趣别称

蝉、蟋蟀——歌唱家

蚂蚁——侵略者、强盗

食粪虫——清道夫

金步甲——田野卫士

◆ **阅读感悟：**金步甲们总是一见钟情，然而交尾后，雌金步甲竟然亲手杀死它的情郎，并把情郎的内脏挖空吃净，可怜的雄金步甲为了爱情而献身。

松树鳃角金龟

每天日暮黄昏时分，松树鳃角金龟就会来到院子里的松树上，雄性松树鳃角金龟把自己的触角张得大大的，向雌性松树鳃角金龟靠近。

◆ **阅读感悟：**将翅脉比作“琴弓”，用比喻的手法说明翅脉形态的同时，也说明了其用途。生动形象，通俗易懂。

蟋蟀筑巢

初寒来临的时候，蟋蟀开始筑巢，它们总是选择有莴苣叶遮盖的地方做窝。

装高雅，雄性的短须尖上有七片重叠的大叶片，会根据情绪的变化呈扇形张开或闭合起来，有吸引异性的作用，雌性只有六片小叶片。松树鳃角金龟一般在夏至将近的时候出现，雄性经常张开触角寻找雌性，向它示爱并一起嬉戏。它们的腹部尖端能够发出乐声，像用橡皮摩擦玻璃发出的声音。

★意大利蟋蟀

外貌习性 → “腹语者”

意大利蟋蟀没有黑色外套，而且体形也没有一般蟋蟀那种粗笨的特点。它细长，瘦弱，苍白，几乎全白，喜欢在夜间活动，常在灌木上、草丛中跳来蹦去，很少待在地上生活。

意大利蟋蟀很喜欢唱歌。它们的两片鞘翅都是由一片宽大的半透明干膜构成，薄如白色洋葱片，能够整个儿地震颤，左右鞘翅上都有翅脉。当蟋蟀放声歌唱时，左右鞘翅高高地竖起，宛如一张薄纱船帆。这时候的左右两把琴弓是彼此斜着咬合着的，它们相互摩擦使得绷得紧紧的薄膜产生强烈的震颤。

声音的强弱等变化，能够使人产生距离上的错觉，这便是这个“腹语者”高超的艺术手段。

田野地头的蟋蟀

蟋蟀产卵 → 蟋蟀筑巢

蟋蟀一般在六月份产卵，母蟋蟀将输卵管垂直地插入土层，每次产卵的数目不等，约为五六百个。卵产下之后大概半个月，小蟋蟀便孵化出来了，刚出生的小蟋蟀浑身发灰，近乎白色，二十四小时后体色变黑。小蟋蟀常常遭到小灰壁虎和蚂蚁的屠杀。

直到十月末，初寒来临，蟋蟀才开始筑巢，它们从不在裸露的地方筑巢，而是选择莴苣叶遮盖着的地方做窝。四月过完，蟋蟀开始歌唱，歌声抑扬顿挫，法布尔称其为“万象更新时的歌唱家之首”。

★萤　火　虫

食肉动物 → 发光的秘密

萤火虫有着色彩斑斓的外衣，身体呈棕色，胸部呈粉红色。雄性萤火虫发育完全后有鞘翅，可以飞行；雌性萤火虫却只能终身保持着幼虫的形态。

萤火虫是食肉动物，是猎取野味的猎手。它们的猎物通常是很小的蜗牛。它们先用嘴上的两只弯钩对其施以麻醉手术，然后再对之下口，美餐一顿。萤火虫的吃，并不是真正意义上那种吃，而是把猎物化为汁液，然后吸入肚里。

萤火虫的尾部能发光。不管是处在发育时期的哪个阶段，其尾部均可发光。发育成熟的雌性萤火虫腹部有两条漂亮的宽带，法布尔在解剖后发现，发光器受到呼吸气管的支配，发光是氧化导致的，发光器上有一层白色涂料，这层涂料提供可氧化的物质。萤火虫身上虽然没有调节光亮的器官，但却可以通过增大或减少通气量来控制发光。萤火虫发出的光有吸引异性的作用，它们在交配时，灯光会变弱，几近熄灭。萤火虫产卵非常随意，它的卵、幼虫都是发光的，可以说，萤火虫的一生都在发光。

知识拓展

萤火虫光的作用

萤火虫的卵、幼虫、成虫均能发光。萤火虫幼虫的发光被认为具有警戒、恫吓天敌的作用，而成虫被认为利用闪光进行求偶及诱捕。

★圣　甲　虫

圣甲虫的外貌 → 圣甲虫的抢劫行为 → 圣甲虫的消化

圣甲虫一身墨黑，是食粪虫中个头儿最大、最有名气的一种。它的头部边缘是个帽子，上面有六个细尖齿，排成半圆形，是它挖掘和切割的工具。圣甲虫身上闪耀着母爱的光辉，为自己选择食物时，它们非常随意，但为孩子选择食物，则会严格挑选，一丝不苟。

圣甲虫工作起来既认真又有耐心，食量大的圣甲虫能够旋出一个拳头大小的粪球。储备的食物制作完成后，还没有完成自己工作的圣甲虫便会前来帮忙——实际上是蓄谋抢劫，这种抢劫行径在圣甲虫中十分常见。

圣甲虫的洞有拳头般大小，通道刚好让粪球进入。将粪球运输到洞中后，它便开始享受食物，日夜不停地吃着。圣甲虫的肠道非常长，消化非常快，它们通常一边吃一边排泄，法布尔曾观察过一只连续进食十二小时的圣甲虫，它排出的粪便总长度约为三米，也就是说，这只圣甲虫消化掉了几乎与自身体积相等的食物。

◆ **阅读感悟：**圣甲虫和粪金龟一样，都以粪便为食，被称为“清道夫”。它们解决自己的食物问题从来不挑剔，但是为孩子准备食物则会努力做到最好，从它们身上我们能够感受到母爱的伟大。

圣甲虫

圣甲虫团粪球的时候认真又利落，食量大的圣甲虫甚至能团出一个拳头大的粪球。

中考模拟

圣甲虫妈妈将卵产在梨形粪球的什么位置？这样有什么好处？

____

____

参考答案：梨颈位置。这个部位是最细薄的部分，可以呼吸到外面的新鲜空气，吸收热量，有利于幼虫的成长。

梨形粪球

在运入洞中之前，圣甲虫会将粪球打碎检查，检查完后，再重新做成粪球，运至洞中，加工成梨形。

西班牙蜣螂

蜣螂妈妈在粪球上面挖出个小盆，并在小盆内产卵，然后再从粪球两侧慢慢往顶端扒粪料，直至球形变成蛋形。

★圣甲虫的梨形粪球

圣甲虫粪球的形状 → 梨形粪球的作用

圣甲虫团成的粪球并不像专家们说的那样呈浑圆形，而是呈梨形。粪球一般取自绵羊滑腻而有黏性的粪便。粪球表面并非十分光滑，但却十分匀称，外面有一层比木头还硬的保护层。圣甲虫将卵产在梨形粪球的梨颈位置，这个部位是最细薄的部分，可以呼吸到外面的新鲜空气，吸收热量，有利于幼虫的成长；而呈球状的下半部分，可以减少食物中水分的蒸发，保证幼虫能够吃到柔软可口的食物。

圣甲虫的造型术

梨形粪球的制作过程 → 开口塞的作用

法布尔认为圣甲虫制作梨形粪球有两种情况：一种是先从粪堆里选取材料，揉成小球，然后长途跋涉运入洞中，再细心加工；另一种是在粪堆附近就地挖洞，将材料原样储存，必要时再加工。对于第一种情况，在入洞之前，圣甲虫会将粪球打碎检查，防止小蜣螂等强盗潜伏在里面，检查完后，再做成粪球，运至洞中，加工成梨形。梨颈的顶端有个结构松散的开口塞，这是圣甲虫妈妈为了避免粪球受挤压时伤害到胚胎而特意制作的。

★西班牙蜣螂

外貌习性 → 产卵过程 → 养育子女

西班牙蜣螂的身子矮胖，行动迟缓，爪子极短，喜欢在粪堆下随便挖个洞大快朵颐，直到饭尽粮绝，才会另寻他处。

五到六月份是西班牙蜣螂产卵的时候，它们一反常态，先是为自己的孩子建造坚固耐用的住宅，然后把无数散碎的食物聚集起来，揉成形状不固定的一整块，接着等待一星期左右的时间让粪球进行内部发酵，最后再切割小块制作成球形。蜣螂妈妈在粪球上面挖出个小盆，并在小盆内产卵，然后再从粪球两侧慢慢往顶端扒粪料，直至球形变成蛋形。

产完卵后，蜣螂妈妈便隐居了，直到九月份几场秋雨过后，才和孩子们一起离开地洞。

★米诺多蒂菲

分工筑巢 → 为幼虫准备食物 → 家庭至上

米诺多蒂菲是一种体形较大、与地下打洞的昆虫血缘极其相近的黑色鞘翅目昆虫，它有着厉害的角，以羊粪蛋或兔粪为食。

米诺多蒂菲的洞穴非常深，约有一米五，雌性住在洞穴底部，雄性则待在其上方不远处，这是因为雌性米诺多蒂菲精通挖掘的技术，雄性则负责清理浮土。在洞中间的土块中，有一个呈香肠状的食品罐头，幼虫的卵便在食品罐头下面的沙土中。

米诺多蒂菲一心扑在家庭上，雄性任劳任怨地帮助妻子建筑巢穴，并到处收集“面包”，为孩子准备吃的东西；“女面包师”将丈夫收集来的“面包”揉制加工，在洞中守护着自己的孩子，直到孩子们长大。它们为家庭和孩子倾注了毕生的心血。

南美潘帕斯草原的食粪虫

法那斯米隆 → 粪球的形状及成分 → 工作过程设想

南美潘帕斯草原的法那斯米隆全身黑中透蓝，雄性前胸有个凹下的半月形，肩部有锋利的翼端，额上有扁角，角的末端呈三叉形。雄性和雌性的头罩前部都有一个双头尖，既是挖掘工具，也是用于切割的解剖刀。这种昆虫短粗、壮实、呈四角形。

法那斯米隆制作的产品十分精美，是一种符合几何学标准的葫芦状粪球。里面嵌着一个圆核，摇动时可以听见响声。

法布尔通过燃烧的方式，分辨出这个内核浸透了腐尸的脓血，他设想了它们的工作过程：首先找到一具昆虫的尸体，将尸体下面被渗液渗透的软黏土做成球形，再在上面挖出一个很宽很厚

知识拓展

米诺多与蒂菲

米诺多是一头在克里特岛地下迷宫中以人肉为食的公牛的名字，蒂菲是大地之子。这两个名字都源于古希腊神话。

中考模拟

试从《米诺多蒂菲》中举例说明《昆虫记》语言的生动性。

____

____

示例：如将羊粪蛋比作面包，将雌性米诺多蒂菲比作女面包师。比喻手法的运用，使语言更生动。

法那斯米隆

法那斯米隆全身黑中透蓝，雄性前胸有个凹下的半月形。

◆ **阅读感悟：**粪金龟消灭、掩埋带菌物质，是大自然的清洁工，却经常不被理解，反遭恶名。但它们却能逃脱被扼杀的残酷规律，得以安享天年，这可能是大自然对它们的回报。

的盆形；然后从腐尸上将最适合幼虫口味的部分弄下来，与黏土搅和成一个圆粪球；接着将粪球放入黏土盆中，用黏土将粪球包裹住；最后在顶端压出一个半圆形的窟窿，把卵产在其中并封住，留下一个通风口。这样，一个葫芦的制作就完成了。

粪金龟和公共卫生

乡间的清洁工 → 粪金龟的工作效率 → 住宅和产卵

垃圾问题是大城市面临的巨大难题，但大自然对乡村的清洁卫生却倾注关怀，它为乡间田野创造了两类清洁工：第一类是苍蝇、葬尸虫等，它们专门负责尸体解剖，可以处理死去动物的尸体；第二类是食粪虫，它们负责清理粪便。

法布尔生活的地方有两种粪金龟比较常见，分别是粪生粪金龟和伪善粪金龟，它们的工作效率十分惊人，一只粪金龟一晚上能掩埋一立方分米的粪便。

九十月份，粪金龟开始建造住宅。它们为子女建造的住宅形状如香肠或猪血腊肠，底部呈圆形，为孵化室，孵化室的侧壁较薄。它们的卵是白色的，呈加长的椭圆形。

隧蜂

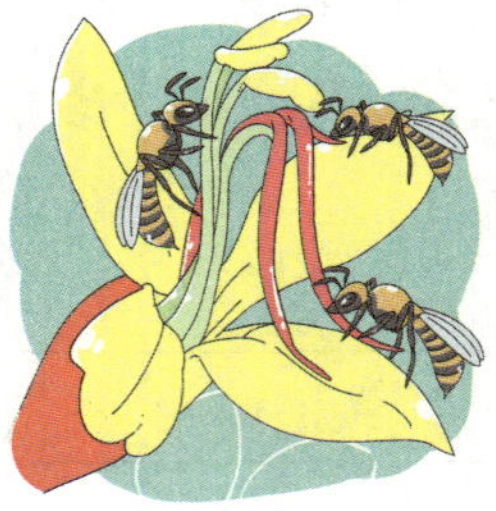

四月里挖土方的工人，到了五月份就变成了采花工。

隧　蜂

隧蜂的族徽 → 强盗小飞蝇 → 隧蜂的二次生育

隧蜂体形一般较为纤细，身材和体色多种多样，它们的肚腹背面腹尖上有滑动槽沟，这是隧蜂的明显标记，是隧蜂家族的族徽。

四月份，它们在地下忙着筑巢；五月，它们在花园里采花粉。有一种小飞蝇常常尾随隧蜂，到它的巢前，等隧蜂飞走了，它就会进入隧蜂的家中，建造自己的产卵室，吃掉隧蜂采集的花粉，并在隧蜂返回前离开。

隧蜂幼虫在家里遭受小飞蝇幼虫的欺凌，常常饿死，然后被吃掉。隧蜂第一次生育，几乎没有后代能活下来，幸好第二次生育时赶上吃白食的小飞蝇停工休整，生态平衡才得以维持。

知识拓展

隧蜂的两次生育

隧蜂一年要经过两次生育，第一次在春季，春天出生的一代全是雌蜂，它们往往来不及长大，就被小飞蝇吃掉了；第二次在夏季，这一代有雌有雄，它们出生时小飞蝇已经离去，因此可以存活。

★隧蜂门卫

隧蜂的秩序 → 隧蜂门卫的身份与职责

隧蜂每年繁殖两代，春天出生的一代全是雌蜂；而夏季出生的一代则有雌有雄，而且雌雄数量几乎相等。隧蜂姐妹们住在妈妈建造的住宅中，每一只都有自己的领地，严守自己的隐私。隧蜂干活时进进出出的景象煞是好看，有时好几只隧蜂同时采花粉回来，它们会依次排队进入，不争不抢；有时会遇到一只进一只出的情形，这时，要进去的便礼让要出来的，十分谦让。

隧蜂住宅的入口有一个门卫。它便是这个住宅的建造者，它用自己的脑袋在前厅上面形成一道无法逾越的障碍，职责是为自己家人开门关门，把陌生人，如蚂蚁、切叶蜂和媚态尖腹蜂等拒之门外。它们虽然年事已高，但却从不擅离职守，直到九月份新一代的隧蜂出现后，它们便离开家，飞向远方，然后默默地死去。

◆ **阅读感悟：**三代隧蜂共同生活在一个巢穴之内，年长的自觉肩负起保护家族的职责，这是隧蜂和人类共同的本能。

中考模拟

在法布尔观察的昆虫化石中，湖边昆虫类的代表是________，树林中昆虫类的代表是________。

参考答案：蚊子　象虫

老象虫

石头的古币学 → 生物的进化 → 化石中的象虫

冬天，当昆虫蛰伏时，古币学的研究让法布尔度过了一些美好的时光。法布尔认为，金属的古币学是一堂绝妙的历史课，而石头的古币学——化石则向我们讲述了生命的历史。

在法布尔观察的化石中，湖边昆虫类的代表是蚊子，树林中昆虫类的代表是象虫。有些在化石中找不到的昆虫，比如天牛、金龟子等，是由于当初还在进化，尚未形成今天的这种形态。

象虫是鞘翅目昆虫中的长者。化石中的象虫，脑袋上的延伸部分又细又长。延伸部分的末端，是上颚那把精巧的剪刀。它的脑袋异常狭小，鼻子底部膨胀起来一个球球，那是它的神经工具，是极其有限的本能的标志。它们繁衍至今，特征未变。

化石中的象虫

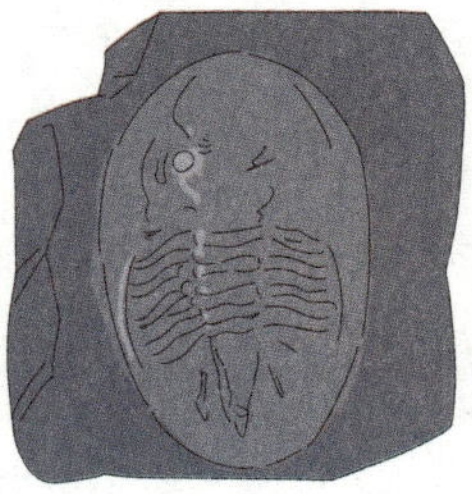

通过观察石灰质岩片中发现的象虫化石，法布尔发现象虫一直繁荣昌盛，特征未变。

★朗格多克蝎的家庭

对权威的质疑 → 胎生与卵生 → “第二次出生”

法布尔在一篇解剖学论文中看到，朗格多克蝎在九月份生育，然而他观察了三年，却始终没看到预期的场景，于是产生了疑问。一次偶然的机会，法布尔在七月份发现了朗格多克蝎的家庭，他推断，日期的差距可能是气候差异造成的。

书本上说蝎子属于胎生，法布尔通过观察发现，蝎子实际上是卵生的，只不过其卵孵化得非常快。母蝎产下卵来，挑起卵的薄膜，小宝宝便出来了。小蝎通体雪白，身长九毫米，弱不禁风，必须经历“第二次出生”。它们必须一动不动地待在母蝎背上一个星期，进行“弃皮”。“弃皮”后，小蝎才有了蝎子的正常外貌。

小蝎弃掉的外皮紧紧贴在蝎妈妈的背上，缠成一块柔软的毯子，供小蝎栖息，直到小蝎脱离妈妈的保护为止。法布尔曾经将一只蚱蜢放到蝎妈妈面前，可是蝎妈妈只顾自己吃，并不与蝎宝宝们分享，也就是说，小蝎长大后，就要学着独立生活了。

朗格多克蝎

朗格多克蝎的习性 → 螯针与蝎钳

朗格多克蝎生活在地中海沿岸，藏于荒僻地区，身长可达八九厘米，色泽金黄。这种蝎子沉默不语，其习性蒙着神秘色彩。

朗格多克蝎的腹部是五节相连的状如酒桶的棱柱体，尾端还有一个第六节体，是制作并储存毒汁的小葫芦。毒腔终端是一个弯弯的、尖利的螯针，毒液就从这里流出。蝎钳从口中伸出，既是战斗的武器，又是获取信息的器官。四月份是蝎子恋爱婚配的季节，交尾完成后，雌蝎会将雄蝎吃掉。

★狼　蛛

成年狼蛛的捕食方式 → 幼年狼蛛的捕食方式

成年狼蛛常常将身体藏在洞里，脑袋探出洞口，腿缩在一起，做出随时准备跳跃的姿势。无论是蝗虫、蜻蜓还是其他昆虫，只要从洞前经过，狼蛛便迅速跳到对方身上，用毒牙扎在对方的要害处，瞬间结束战斗。如果猎物离得远，它们则会耐心等待。

幼年狼蛛没有藏身的洞，它常在草丛中徘徊，看到猎物便冲过去，蛮横地将它赶出巢穴，利用自己敏捷的身手完成捕食。

中考模拟

法布尔观察到，在他生活的地区，朗格多克蝎在____月生育，它们并不属于胎生，而属于________。

参考答案：七　卵生

◆ **阅读感悟：**法布尔通过实际研究，发现气候对朗格多克蝎的生育时间有影响，还发现它们并不属于胎生，推翻了权威论文中的结论。这启示我们应该一切从实际出发，善于质疑，不迷信权威。

朗格多克蝎

朗格多克蝎的习性蒙着神秘色彩，被人们神化为黄道十二宫的标志之一。

知识拓展

狼蛛

狼蛛属蜘蛛目的一科，背上长着像狼毫一样的毛，而且有八只眼睛，因有毒性、行动敏捷、生性凶猛而得名。

阅读鉴赏

昆虫形象

主要昆虫	昆虫特征
蝉	蝉的幼虫要在地下生活四年，它们靠吸食植物的根储存水分，利用尿液挖洞和自我防卫。蝉的幼虫从地下到地上需要十几天，出洞后寻找细树枝蜕去外壳，变成真正的蝉。
螳螂	昆虫界和平居民的老虎，喜食蝗虫。雌螳螂在交配和产卵季节，性情残忍反常，和雄螳螂交配完，便把雄螳螂吃掉，雄螳螂也不会反抗。雌螳螂的卵囊精巧、安全，它产完卵就离开，以至于大多数卵被蚂蚁等昆虫吃掉。
灰蝗虫	幼虫蜕皮时，中央部位血液撞击，外皮沿着阻力最小的细线裂开，不损坏外壳，能轻易钻出来。蝗虫把它的原生质注入小翅膀的两个胚层之间，变成鞘翅。三个多小时后，鞘翅和翅膀全部展开，小腿上竖着两排坚硬锋利的小刺。
大孔雀蝶	欧洲最大的蝴蝶，翅膀上有灰白色的斑点，触角很宽大。它们的生命很短暂，寻找配偶是一生最重要的事，它们的行动不受光线、声音和其他气味的干扰，一般在夜间求偶。
象态橡栗象	嘴长，细如马鬃，笔直，栖息在橡栗里。能连续数小时钻探橡栗，如果对食物不满意，便放弃钻探工作离开。在壳斗和绒毛叶之间安放自己的卵，产卵工具是腹部的尖头桩。象态橡栗象能调节橡树的无序生长。
豌豆象	小头，大嘴，身着缀着褐色斑点的灰衣裳。雌虫露天产卵，没有任何保护。一个豌豆荚里有多只幼虫，但能长为成虫的只有一只；它们的天敌是一种小蜂，小蜂用探测尖桩插进豆荚，在象虫的幼虫或蛹上产下一个卵，然后吸干象虫。
金步甲	多为黑色、褐色，常带金属光泽。它是消灭毛虫的能手，能保护菜园、花圃，是警觉的乡野卫士，也是称职的园丁。雌性金步甲与雄性金步甲交尾之后，雌性金步甲便将雄性金步甲开膛破腹，残忍地吞食，和金步甲有同样习性的还有螳螂和朗格多克蝎。
意大利蟋蟀	细长，瘦弱，几乎全白，夜间活动在小灌木上或草丛中。它们放声歌唱时，左右鞘翅高高竖起，彼此斜着咬合，相互摩擦使得绷得紧紧的薄膜产生强烈的震颤；意大利蟋蟀的制震器、消音器，可以与乐器的媲美。
萤火虫	看上去既小又弱，却是食肉动物，猎物是蜗牛，它们用带细槽的弯钩击打蜗牛的外膜，把蜗牛变为流质，然后吸食。雄性萤火虫在发育时，拥有鞘翅和翅膀，只有尾部能发光；雌性萤火虫没有翅膀，不能飞行，腹部和尾部有发光器。萤火虫的卵、幼虫、成虫都是发光的，交配时，它们的光会变弱。

（续表）

主要昆虫	昆虫特征
圣甲虫	大自然天生的垃圾清除者，一身墨黑，是食粪虫中个头儿最大又最有名气的一种。它收集粪料的方式一种是将粪料揉制成球形再滚到洞中，另一种是在粪堆附近挖洞。圣甲虫的肠道很长，可以边吃边排泄，排泄物长度可达三米。古埃及人对它尊崇备至，把它视作长生不老的象征。
西班牙蜣螂	身子矮胖，行动迟缓，爪子极短，喜欢在粪堆下挖洞。自己吃得随意，却会为孩子精心准备住处和食物。雌虫把卵产在粪球顶端，并用拱顶覆盖，它会一直守护在粪球旁边，直到幼虫长大。
米诺多蒂菲	喜爱露天的沙土地，羊粪和兔粪是日常美食。父母为孩子倾注全部心血，雄性负责清理浮土和寻找食物，雌性负责挖洞和食物的进一步加工，最后将食物制成圆柱形。它们的洞深度可达一米五。
法那斯米隆	南美潘帕斯草原的食粪虫，全身黑中透蓝，用动物尸骨制作粪球。产卵的大粪球是葫芦状的，葫芦里面有利用动物尸体上的绒毛、碎皮肉等制成的小粪球。
粪金龟	昆虫界的长寿元老，能够消灭、掩埋带菌物质，是大自然的清洁工。每天每只粪金龟能掩埋一立方分米的粪便。随时挖洞积攒食物，但只知积攒，不会利用。为幼虫挖的地洞深三分米左右，状如香肠。
隧蜂	一年生育两次，春天出生的一代全是雌蜂，它们往往成为小飞蝇幼虫的食物；夏季出生的一代有雌有雄，能够生存下来。三代隧蜂同住一个蜂房，第一代雌隧蜂建造蜂房，年老体衰以后，成为门卫。
朗格多克蝎	生活习性神秘，属于卵生而非胎生，生育时间跟气候有关，一般在七月。幼虫通体雪白，在母蝎背上待半个月后离开。发育完全后，身长八九厘米，色泽呈干麦秸的那种金黄；雄蝎主动找雌蝎交尾，交尾结束后，雄蝎被雌蝎吃掉。

主题归纳

《昆虫记》一书将昆虫世界与作者的人生感悟融为一体，用人性观照虫性。通过细致描绘昆虫的外观形态和生活习性，记录各种昆虫的生存斗争，既表达了作者对自然和生命的热爱之情，又体现了他认真严谨的科学态度和科学精神。

艺术特色

1. 以人性观照虫性。法布尔在对昆虫日常生活习性、行为方式进行描述时，常站在人性的立场来反观虫性。将昆虫的生活与人类社会巧妙地联系起来，赋予昆虫人的思想感情，渗透着人文关怀。

2. 语言清新优美、生动活泼、轻松诙谐，充满了盎然的情趣。法布尔在作品中大量运用比喻、拟人等修辞手法，使昆虫的形象更加生动可爱。如把雌性米诺多蒂菲比喻为“女面包师”，生动形象；把雌性米诺多蒂菲做粪球的行为称作“揉面包”，语言轻松诙谐，充满了盎然的情趣。

3. 严谨细致、实事求是的科学态度和精神。法布尔在研究大孔雀蝶夜间求偶所依靠的器官时，直到蝶茧用完还没有研究出结果，因此只好放弃，这体现出他严谨认真的科学态度和实事求是的精神。

专题探究

专题一　跟法布尔学观察

1. 精读书中描述法布尔观察昆虫的精彩段落，结合实例总结法布尔观察的经验。

【探究示例】

①长时间观察，不断地假设，严密地求证。例如，观察象态橡栗象的时候，法布尔常花费几个小时观看它们钻探橡栗，看到它们竟然会遗弃钻好的橡栗，便产生疑问，做出它们钻探橡栗并不只是为了自己进食的假设。经过求证，终于发现它们是在为孩子鉴定食物。

②全方位、立体化的观察。法布尔不仅关注昆虫的外形、身体结构，连捕食习惯、居住环境等方面都细致观察。例如，观察米诺多蒂菲时，法布尔通过挖掘其住宅，发现这种小小的昆虫洞穴竟有一米五左右的深度。

③一切从实际出发，敢于质疑权威。例如，有权威的论文称，朗格多克蝎在九月份生育。法布尔却发现在他住的地区，朗格多克蝎在七月份生育，由此产生了怀疑。经过求证，他发现朗格多克蝎的生育时间可能跟气候有关。

2. 借鉴法布尔的经验，设计一个观察实验，并进行实践，做好观察笔记。

【探究示例】

大孔雀蝶观察实验

观察对象	大孔雀蝶	
观察目的	观察发情期的大孔雀蝶寻找配偶时是否受光线、气味的影响	
实验所需器材	钟形罩、樟脑丸等	
实验过程	第一次实验： ①夜间将雌性大孔雀蝶放入钟形罩中； ②熄灭所有灯光	结果：雄性大孔雀蝶能够准确找到装有雌性大孔雀蝶的钟形罩
	第二次实验： ①在有雌性大孔雀蝶的钟形罩内放入樟脑丸； ②将钟形罩转移位置	结果：雄性大孔雀蝶能够准确找到装有雌性大孔雀蝶的钟形罩
实验结论	大孔雀蝶具备一种寻找伴侣的特殊能力，它们寻找伴侣并不受光线和气味的影响	

专题二　跟法布尔学探究

1. 研读法布尔着力探究的若干个具体案例，总结他的科学探究经验。

【探究示例】

反复求证，谨慎下结论。例如，为了探究大孔雀蝶夜间寻找伴侣所依靠的器官，法布尔先后进行了三次实验，分别研究光线、声音、气味对它们的影响。当他发现剪去触角后，飞回来的大孔雀蝶数量很少时，并没有急于断定触角是决定它们能否找到伴侣的因素，而是继续实验，最终发现失去触角的大孔雀蝶没有飞回是因为交尾后体力不支。

2. 借鉴法布尔的经验，选择你感兴趣的一个科学问题，设计方案，进行探究实验。

【探究示例】

蚯蚓生活习性探究

探究课题	蚯蚓生活习性探究	
探究目的	通过实验、观察研究蚯蚓的生活习性，进一步了解蚯蚓	
实验所需器材	蚯蚓若干条、纸、纸盒、干泥土、湿泥土等	
实验过程	第一次实验： 将蚯蚓放在有盖的长方形纸盒中间，纸盒盖一端有孔，里面有亮光，另一端无孔，里面是黑的，让蚯蚓在里面待十分钟，打开盒盖	结果：打开盒盖后发现，所有蚯蚓都在无孔的一端
	第二次实验： 将蚯蚓放在有盖的长方形纸盒中间(盒盖上无孔)，盒的一端铺有潮湿的泥土，另一端铺有干土，让蚯蚓在里面待十分钟，打开盒盖	结果：打开盒盖后发现，所有蚯蚓都在铺有潮湿泥土的一端
实验结论	蚯蚓喜欢阴暗、潮湿的环境	

专题三　跟法布尔学写作

1. 从写作的角度精读《昆虫记》，摘抄若干精彩片段，进行鉴赏、点评。

【探究示例】

提示：可参考本书p.55“积累感悟”。

2. 观察你喜欢的小动物，学习法布尔的写作技巧，进行仿写。

【探究示例】

微风习习，轻轻拂过我的脸颊，草叶上的露珠还在轻轻颤动着，石头边的草丛已成了蚂蚁们的天堂。你瞧，它们有的爬上草茎玩耍，有的爬上草叶嬉戏，还有的躲在几片黄色的落叶下，大概是还没有睡醒吧！

突然，我发现一只正在巡逻的小蚂蚁，它是出来觅食的，我悄悄地走过去一看，呀！长长的触角在微风中摇动，一个乌黑发亮的黑脑袋在风中显得那么洒脱，两节小身子，六条小腿分布在两旁，好一只漂亮的小蚂蚁！

小蚂蚁四处走动，我在一旁认真地看着它，过了一会儿，它好像已经满头大汗，但依然不放弃寻找食物，小小的身影穿梭在这茂密的草丛中。功夫不负有心人，小蚂蚁终于发现了一些面包屑，它激动地加快步伐，奔向食物。可是，它的力量实在太薄弱了，围着食物绕了几圈，依然束手无策。

几分钟后，小蚂蚁转身走了，我想它一定是放弃了吧！我站起身，正准备离去，却看到它又爬回来了，身后还跟着几个“搬运工”。它们团团围住面包屑，齐心协力将那块数倍于它们体积的食物举起，朝洞穴的方向走去。它们的步伐整齐而有序。看着逐渐消失的身影，我知道今晚它们又可以享用丰盛的晚餐了。

积累感悟

积累感悟

精彩句段

※ 最小的，为了靠近清泉，便从蝉的肚腹下钻过去，宽厚仁慈的蝉便抬起爪子，让这些不速之客自由通过。个头儿大的急得直跺脚，挤上前去，飞快地嘬上一口，退了出来，跑到旁边的树枝上兜上一圈，然后又更加大胆地返回来。不速之客们贪心越来越大：刚才还谨小慎微的它们突然变成了一群乱哄哄的侵略者，一心要把掘井者从井边驱逐掉。

【赏析】作者基于细致的观察，将蚂蚁称为“侵略者”，将蝉称为“掘井者”。蚂蚁与蝉的斗争在作者笔下显得细腻生动，充满情趣。

※ 一旦猎物突然出现，它（螳螂）就立刻收起它那副祈祷姿态。捕捉器的那三段长构件突地伸展开去，末端伸到最远处，抓住猎物后便收回来，把猎物送到两把钢锯之间。老虎钳宛如手臂内弯似的，夹紧猎物，这就算是大功告成了：蝗虫、蚱蜢或其他更厉害的昆虫，一旦夹在那四排尖齿交错之中，便小命呜呼了。

【赏析】作者对螳螂的动作描写，不仅体现了螳螂捕食时英勇凶猛的特点，还体现出螳螂外貌和性情差异之大。

※ 这块土中有一个呈香肠状的食品罐头，长短粗细几乎像拇指一般。里面装着的食品颜色很深，压得很瓷实，分好多层，可以辨别出其中有已压碎了的羊粪蛋。有时候，面包揉得很细，从头到尾全都十分均匀；更多的时候这圆柱形面团像一种牛皮糖，里面有一些疙疙瘩瘩的东西。根据女面包师的忙闲情况，它所揉制的面包看上去千差万别，有时间就做得讲究，没时间则敷衍了事。

【赏析】作者将羊粪蛋比作“面包”，将雌性米诺多蒂菲称作“女面包师”。比喻和拟人手法的运用使文章更加生动有趣。

读后感悟

以人性观照虫性

——《昆虫记》读后感

著名作家巴金说：“《昆虫记》熔作者毕生的研究成果和人生感悟于一炉，以人性观察虫性，将昆虫世界化作供人类获得知识、趣味、美感和思想的美文。”《昆虫记》是一部科普作品，拥有深厚的文学底蕴。它不仅讲述了充满弱肉强食的虫性生活，更折射出人性的深不可测。它是作者盎然情思的体现，也是其睿智哲思的流露。

人和昆虫都是大自然的产物，人性与虫性自有相通之处，在法布尔眼中，这些在角落里毫不起眼的小家伙们，拥有属于自己的精彩纷呈的世界。夏天生活在树上的蝉，或许你会对它的喋喋不休感到厌烦，但你可知道，它为获得歌唱的机会，需要在地下经过四年不懈努力。它们通过自己长久的奋斗，穿起漂亮的衣服，张开美丽的翅膀，终于能在温暖的阳光中放声高歌，这种锲而不舍、努力奋斗的精神难道不值得我们敬佩吗？

大孔雀蝶穿着栗色的天鹅绒外衣，系着白色的皮毛领带，翅膀上满是灰白相间的斑点，翅膀中央有个圆形的斑点，犹如一只乌黑的大眼睛，它们美丽而优雅，一生的唯一目的，便是寻找自己的意中人。它们具备一种奇妙的天赋，能够跋山涉水，穿过黑暗和所有的障碍，找到自己的意中人。这种精彩而充满诗意的人生，难道不值得我们向往吗？

女子本弱，为母则刚。在昆虫的世界里，也是一样的道理。雌性隧蜂在年老后就当上了看门人，站岗放哨是它们的唯一任务。如有外来生物做出疑似入侵的举动，它们便会飞出洞去，驱赶不怀好意的入侵者，保卫隧蜂家族的安全。隧蜂门卫们一丝不苟，忠于职守，等到新一代隧蜂出生后，它们便离开巢穴，飞向远方，默默结束自己的生命。这种默默奉献、不求回报的精神难道不值得我们学习吗？

人性的色彩在《昆虫记》中体现得淋漓尽致，全书字里行间洋溢着对生活的热爱与尊重。这位伟大的昆虫学家，将他广博的学识、细致入微的探索、坚定不移的信念、执着坚忍的性格和富有魅力的人格，都收进了《昆虫记》这部巨著之中。因此，当我们再次打开这部巨著时，看到的、想到的也就不仅仅是昆虫的世界了。

5 星星离我们有多远

思维导图

星星离我们有多远

- 序曲
  - “牛郎织女”的神话故事
  - 星座的概念
- 大地的尺寸
  - 地球的大小
    - 波西冬尼斯错误
    - 麦哲伦船队纠错
  - 丈量子午线
    - 僧一行测子午线
  - 地球的模样
    - 三轴椭球体
- 明月何处有
  - 古代测月
    - 阿里斯塔克
    - 伊巴谷
  - 三角法测月
    - 拉卡伊
    - 拉朗德
  - 雷达和激光测月
- 太阳离我们多远
  - 开普勒三定律
  - 火星视差
  - 利用“金星凌日”测量
  - 利用小行星测量
  - 金星测距雷达测量
- 两大宇宙体系
  - 地心说
  - 日心说
- 测定近星距离的艰难历程
  - 视差位移
  - 光行差
  - 三角视差法的局限
- 通向遥远恒星的第一级阶梯
  - “星等”和“视星等”
  - 光谱的分类
    - 夫琅禾费线
    - 哈佛分类法
  - 赫罗图
  - 分光视差法

- 银河系和岛宇宙
  - 古代对恒星的探索
  - 恒星的发现
    - 天王星
  - 河外星系
    - 麦哲伦星云
    - 仙女座大星云
- 通向遥远恒星的第二级阶梯
  - 造父变星
  - 造父视差法(新标杆)
  - 造父视差法的应用
  - 造父视差法的局限
- 欲穷亿年目更上几层楼
  - 测定新星和超新星的意义
  - 估算河外星系距离
    - 视角径
    - 累积星等
    - 红移
  - 膨胀的宇宙
    - 大爆炸理论

名著导读

1 作者简介

卞毓麟，1943年生，从事科研30余年，从事科普创作20余年，主编和参编图书有百余种，发表的科普和科学文化类文章约700篇，作品屡获国家级、省部级奖。他的科普作品不仅集科学性、趣味性于一体，而且极富人文色彩。

2 主题归纳

《星星离我们有多远》是一部优秀的天文科普作品，整体上讲述了人类探测宇宙的发展历程，在讲求科学性、知识性的同时，还兼顾了趣味性，并融入了对深奥的天文学概念、术语的解读，既让读者了解了人类为探索宇宙空间所付出的艰辛不懈的努力，又让读者获得了科学熏陶。

3 艺术特色

1. 语言深入浅出、通俗易懂。在遣词造句方面，作者多使用浅显的词语来进行解释说明，同时注重语言的准确性。在表示时间、空间、数量、范围、特征等方面，表述都力求准确无误。

2. 采用了下定义、举例子、列数字、作比较、打比方、列图表等多种说明方法。

3. 引用神话传说、名人事迹等，使文章生动有趣，增强文章的启发性和感染力。

4. 条理清晰，结构安排得当。作者在整体上是按照由近及远的原则来安排说明顺序的。

4 人物及成就

科学家	人物成就
埃拉托色尼	用简单的测量工具计算出地球的周长
僧一行	组织了世界上第一次子午线实测工作
伊巴谷	①测出月地之间的平均距离；②编定星表，被称为“天文学之父”
拉卡伊、拉朗德	首次用三角法测定月地间距离
开普勒	提出“开普勒三定律”，为牛顿发现万有引力奠定了基础
哈雷	提出利用“金星凌日”的机会测定太阳视差
哥白尼	提出“日心地动说”，发表《天体运行论》，是近代天文学的奠基人
贝塞尔	率先测出恒星视差，重新计算了哈雷彗星的轨道
夫琅禾费	发现太阳光谱中有许多暗线，即“夫琅禾费线”，并进行了系统研究
赫兹普隆、罗素	发表“赫罗图”，发现利用“赫罗图”推求恒星视差的方法，即“分光视差法”
威廉·赫歇尔	发现天王星，使人们所认识的太阳系的直径增加了一倍；被赞誉为“恒星天文学之父”
古德里克	首次系统观测了变星
哈勃	发现“哈勃定律”，使测量河外星系成为可能；被尊称为“星系天文学之父”
伽莫夫	提出“大爆炸宇宙论”，成为当代最有影响力的宇宙学理论

名著详解

内容解读

注：标★的为重点情节

序　曲

以郭沫若的诗开篇，揭示其中所涉及的天文现象。巧妙地借牛郎织女的故事介绍了牛郎星、织女星和有关星座，综述了星座的起源、划分等相关知识，提出了“星星离我们有多远”的疑问。

★大地的尺寸

埃拉托色尼首次推算出了地球大小的准确数值，但未被古希腊人普遍接受，人们多采用波西冬尼斯测得的误差较大的数值，直到麦哲伦环球航行之后，才纠正了之前的错误。公元724年，我国著名的天文学家僧一行发起并领导了全国性的也是世界上第一次子午线的实测工作，测得子午线每1°弧长为131.11千米。200多年前，一些测量已初步表明，地球并不是正圆形的，而是一个椭圆。现代科学家精确测出了地球的半径及“扁率”，地球的真实面貌终于呈现在我们面前。

明月何处有

在准确认识了地球之后，人类开始把研究的目标转向了月球。早在公元前3世纪，阿里斯塔克就利用日全食得出日、月与地球的直径之比，并提出了地球绕轴自转，并环绕太阳运行的观点。他早在哥白尼之前就猜测到日心系统的概况，被恩格斯称为“古代的哥白尼”。古希腊天文学家伊巴谷运用简单的几何原理推算出了地月距离，并编出一份包含1 000多颗恒星的星表，被人尊称为“天文学之父”。法国天文学家拉卡伊和他的学生拉朗德分别在非洲好望角和德国柏林同时对月亮进行观测，首次用三角法测定月球与地球之间的平均距离大约是地球半径的60倍。他们都为世界天文学贡献了自己的力量。随着科技的发展，人类利用雷达测月和激光测月的方法更加精准地测定了地月距离。

阅读分析

牛郎织女

作者巧妙地借牛郎织女的传说引出星座的相关知识。

知识拓展

僧一行

僧一行，本名张遂，生于公元683年，青年时于嵩山出家，法名一行。他精通天文、历法和仪器制造，是世界天文史上最早测量子午线的人。

◆ **阅读感悟：**阿里斯塔克的经历告诉我们：认识事物本质是一个艰难、复杂的过程，可能会受到质疑和反对，但真理往往能够经受住历史的考验。

中考模拟

________为牛顿发现万有引力奠定了基础。

参考答案：开普勒定律

知识拓展

“金星凌日”

“金星凌日”指的是从地球上看去，金星恰好投影在日面上。可以利用这个机会，测定太阳视差。

知识拓展

“日心说”

“日心说”认为太阳是宇宙的中心，地球绕太阳旋转，月球绕地球旋转，同时又跟着地球绕太阳公转。

中考模拟

________的测定标志着“日心说”的彻底胜利。

参考答案：恒星视差

★太阳离我们多远

太阳圆面上没有固定标记，三角法已不再适用，那么如何测定太阳和地球之间的距离呢？开普勒详细研究了行星运动的轨道，进而发现了行星运动三大定律，它们为测定日地距离和牛顿发现万有引力奠定了基础。

法国天文学家卡西尼首次测出了火星的视差，并综合了里奇的测量数据，得出火星的地心视差为25″，进而推算出太阳的地心视差为9.5″，日地距离为13 800万千米。里奇在赤道附近的卡宴城发现了摆的节律比巴黎的慢，于是他认为卡宴城离地心较远，由此论证了地球是一个扁球体。

英国天文学家哈雷提出利用“金星凌日”的机会测定太阳视差。1895年，美国天文学家纽康综合了前两个世纪中4次“金星凌日”所取得的观测资料，得出太阳的视差为8.797″。2012年，第28届国际天文学联合会启用更新的天文常数系统。这一系统中，太阳的视差为8.794143″。

间奏：关于两大宇宙体系

“地心说”和“日心说”是两大宇宙体系。古希腊天文学家托勒玫的《天文学大成》，确立了地心宇宙体系。16世纪，波兰天文学家哥白尼完成了巨著《天体运行论》，首次系统地提出了宇宙体系的“日心地动说”，被称为“自然科学的独立宣言”。1609年，意大利科学家伽利略把观测视角伸向了银河系，看到银河是由一大片恒星聚集在一起形成的，种种观测结果都有力地支持了“日心说”。

★测定近星距离的艰难历程

布拉德雷早在1725年就注意到天龙γ星位置稍稍向南偏移，但却无法解释其原因。1728年，他泛舟泰晤士河上时，注意到桅顶的旗帜是按照船与风的相对运动而变换方向的，他从中受到启发，发现了光行差。

19世纪以来，天文仪器得到迅速改进，这主要归功于德国光学家夫琅禾费。德国天文学家贝塞尔用“量日仪”首次测出了天鹅61星的视差。恒星视差的测定标志着“日心说”的彻底胜利。

到20世纪80年代初，用三角法总共只求出约7 000颗恒星的距离。为什么这个数字几乎再也上不去了呢？原来三角测量的极限是100秒差距左右，超过这个范围，三角测量法就不再适用。

★通向遥远恒星的第一级阶梯

波格森首先发现了恒星星等与亮度之间存在的关系，并据此定出了一种亮度“标尺”：星等数每差5等，亮度就差100倍。天文学中，从地球上看一颗恒星的亮度，称为它的“视亮度”，它的星等数称为“视星等”；“绝对星等”是假定恒星处在10秒差距的距离上的视星等，它表征了恒星真实的发光能力。视星等、绝对星等和距离（或视差）这三个数字中，如果知道了其中两个，就可以求出另外一个，这对推算恒星距离十分有用。

1666年，牛顿用三棱镜分解了太阳光。到了19世纪初，夫琅禾费发表的太阳光谱图中暗线已达500余条，后来这些暗线被称为“夫琅禾费线”，并且他给许多重要的光谱线一一取名。最先观测恒星光谱的也是夫琅禾费，但是意大利天文学家赛奇却是恒星光谱分类工作的真正先驱。到了19世纪末，坎农女士按恒星的表面温度由高而低的次序，重新调整了主要光谱类型的顺序，这种分类方法叫“哈佛分类法”。恒星光谱分类后，天文学家发现表面温度越高的恒星发光能力越强。20世纪初，赫兹普隆和罗素根据这种规律制出了“赫罗图”来表示恒星的表面温度（或光谱型）与绝对星等的关系。利用赫罗图推求恒星视差的方法，就是“分光视差法”，它使天文学家的巨尺又往远处伸展了成百上千倍，成为通向更遥远天体的第一级阶梯。

再来一段插曲：银河系和岛宇宙

威廉·赫歇尔首先发现了天王星，并在经过多年如一日地观测和计数后，大致确定了银河系的形状、大小以及其中的星数。他也被人们称为“恒星天文学之父”。后来，人类也开始关注银河系以外的广阔天地。天文学家在南半球观测到大小麦云和仙女座大星云的存在。迄今为止，人类已经发现了数以百亿计的河外星系。

知识拓展

哈佛分类法

按照恒星的表面温度由高而低的次序，从温度最高的O型星开始，把光谱型分为O-B-A-F-G-K-M七个序列，每个光谱型还可以划分成10个次型，例如，从B型过渡到A型又有B0，B1……B9这10个次型。

知识拓展

赫罗图

简单来说，赫罗图将每颗恒星绘制在一张图表上，可以测量它的温度（颜色）和光度。赫罗图有好几种形式，但所有的形式都有共同的常规布局：亮度较大的恒星分布在图的顶端，表面温度高的恒星分布在图的左侧。

中考模拟

____________作为测量天体距离的新“标尺”，接替了三角视差法。它是我们通向更遥远天体的第一级阶梯。

参考答案：分光视差法

古德里克

古德里克提出,大陵五星亮度的周期性变化是由一颗暗星的周期性遮掩造成的。

知识拓展

多普勒效应

当光源趋近我们时,光波的波长变短,光谱线向紫端移动;反之,当光源远去时,光波的波长变长,光谱线向红端移动。

中考模拟

物理学家__________等人正式提出的“__________”是当代最有影响的宇宙学理论。

参考答案:伽莫夫　大爆炸宇宙论

◆ **阅读感悟:**通过作者对宇宙和天文学家的介绍,我们了解了人类为探索宇宙空间而进行的不懈努力。

★通向遥远恒星的第二级阶梯

1782年,少年古德里克通过观测发现了大陵五星的亮度变化规律,并大胆提出:大陵五星亮度的周期性变化是由一颗暗星的周期性遮掩造成的。古德里克还观测了造父一的亮度变化,确定了造父一的光变周期。此后人们把其他与之光变曲线相类似的变星,统称为“造父变星”。利用造父变星求出的恒星视差叫“造父视差”。它是继分光视差之后进一步通向更遥远恒星的又一阶梯。但造父视差法也有极限,当星系的距离远到约5 000万光年时,就必须要采用一些更间接的方法来测量它们的距离了。

★欲穷亿年目　更上几层楼

由于造父视差法有局限性,所以新星和超新星成为确定球状星团和河外星系距离的依据。只要在任何一个球状星团或河外星系中发现了新星或超新星,就可以测得该星团或星系的距离;即使没有出现新星或超新星,人们也可以利用亮星来测量其距离。对于那些远得无法分辨其中的单个恒星的球状星团和河外星系,靠星系的可视大小和“累积星等”可以求出距离。天文学家利用多普勒效应研究星系的运动,发现了星系的普遍红移。哈勃通过研究发现距离越远的星系,红移越大,而且,距离和红移之间成正比关系,这便是著名的“哈勃定律”。天文学家研究发现,距离遥远的天体系统,都在以极快的速度退离地球而去,因而他们大胆猜测,目前的宇宙仿佛处在一种宏伟的膨胀之中。1948年,物理学家伽莫夫等人正式提出了著名的“大爆炸宇宙论”,这一理论成功地解释了众多的天文观测事实,成为当代最有影响的宇宙学理论。

尾　声

类星体的距离之谜进一步说明了宇宙中的奥秘无穷无尽,人类从未停止对神秘宇宙的探索,“嫦娥”“先驱者”“旅行者”的成功发射都是人类向太空派出的“使者”,表达了人类希冀与“宇宙人”建立联系的美好愿望。

6 寂静的春天

思维导图

- 寂静的春天
  - 为明天寓言
    - 动植物莫名患病
    - 春天变得寂静无声
  - 忍受的义务
    - 人类破坏环境
      - 生态失衡
      - 威胁人类自身
  - 死神的炼金术
    - 杀虫剂
      - 氯代烃
        - DDT
        - 氯丹
        - 狄氏剂
        - 艾氏剂
        - 异狄氏剂
      - 有机磷
    - 除草剂
      - 含砷化合物
  - 地表水和地下海
    - 淡水资源缺乏
    - 水体污染
  - 土壤的王国
    - 生物依赖土壤
    - 杀虫剂的危害
      - 破坏土壤平衡
      - 被植物吸收
      - 食物受污染
  - 地球的绿披风
    - 滥用灭草剂破坏生态
    - 应寻找其他方法
  - 不必要的毁灭
    - 化学药物
      - 直接危害动物
      - 完全可以避免
  - 再也没有鸟儿歌唱
    - 喷洒药物
    - 鸟类大量死亡
    - 鸟类数量骤减
  - 死亡之河
    - 水生生物遭到毒害
    - 鱼类体中积累毒素
    - 间接危害人类自身
  - 天灾难逃
    - 受利益驱动
      - 喷洒范围扩大
      - 用药量增加
      - 应小区域控制
  - 超越博尔吉亚家族的梦想
    - 可以轻易买到农药
    - 对农药认识浅薄
    - 食物容易受到污染
  - 人类的代价
    - 影响肝脏功能
    - 影响神经系统
    - 导致精神疾病
  - 通过一扇狭窄的窗户
    - 影响基因遗传
    - 影响染色体分裂
    - 干扰细胞的正常活动
  - 每四个中有一个
    - 化学致癌物
      - DDT
      - 含砷杀虫剂
      - 氨基三唑
  - 大自然的反攻
    - 昆虫大量繁殖
    - 庄稼大量减产
  - 雪崩的轰隆声
    - 昆虫产生抗药性
    - 使用更毒的农药
  - 另外的路
    - 采用生物控制的方法
    - 引入昆虫的天敌

名著导读

1 作者简介

蕾切尔·卡森(1907—1964),美国**海洋生物学家**、作家,被《时代周刊》评为“20世纪最具影响力的100人”之一,1963年入选美国艺术与科学学院院士,1980年被追授美国总统自由勋章,其代表作《寂静的春天》曾在全世界范围内引起轰动,并直接导致DDT杀虫剂的禁用,开启了美国乃至全世界的**环境保护事业**。全书既有严谨求实的**科学理性精神**,又充满敬畏生命的**人文情怀**,被公认为近50年来最具影响力的书。

2 主题归纳

本书以生动而严肃的笔触,描写因过度使用**化学药品**而导致的环境污染、生态破坏,最终给人类带来难以承受的灾难,将近代污染对生态的影响透彻地展示在读者面前,给予人类强有力的警示。作者在书中呼吁人们认真思考**人类社会的发展问题**,直接推动了现代**环境保护**事业的发展。

3 艺术特色

1. 严谨的逻辑。从全文看,《寂静的春天》一书对事理的说明,前有铺垫,后有呼应,环环相扣,推论严密。

2. 有力的对比。如书中把人对自然环境适应的缓慢,与人类发明制造化学药品的惊人速度作了对比,突出人类无法适应被污染的环境。

4 杀虫剂介绍

杀虫剂类型及名称		特性及危害
“氯代烃”类	DDT	学名“二氯二苯三氯乙烷”,能够大量地储存在富含脂肪质的器官内,其最危险的特性之一是可以通过食物链进行传播。
	氯丹	氯丹的残留物能长久地存在于土壤、食物中,能通过人的皮肤被吸收。有药物学家称,氯丹是杀虫剂中毒性最强的药物之一。
	狄氏剂	它的毒性约为DDT的五倍,当它的溶液通过皮肤被吸收后,毒性相当于DDT的四十倍。狄氏剂是目前应用最广泛的杀虫剂之一。
	艾氏剂	毒性十分强,一片药片的剂量可以杀死四百多只鹌鹑;能够引发导致肝脏和肾脏功能退化的病变。
	异狄氏剂	所有氯代烃药物中毒性最强的,毒性相当于狄氏剂的五倍。对哺乳动物、鱼类、鸟类杀伤力巨大。
有机磷杀虫剂	对硫磷	用途最广的有机磷酸盐之一,药性最强、最危险的药物之一。
	马拉息昂	被园艺工厂广泛使用,人们常用它来对昆虫进行大规模的屠杀,经过与其他药物混合,毒性会大大增强。

名著详解

内容解读

注：标★的为重点情节

一　为明天寓言

作者开篇假设在美国中部有这样一座城镇，它原本宁静和谐、生机勃勃，直到第一批人来此定居。从那时起，这儿便遭受了一系列的不幸，所有的一切都开始改变了：植物、家畜、野生动物甚至人类都莫名地患病、死亡，到处蔓延着死亡的气息，这个城镇的春天开始变得寂静无声。

二　忍受的义务

人类对于环境的破坏行为造成了无法逆转的污染，这种污染引发的一系列罪恶结果也都是不可修复的，导致地球的生态失衡、人们的生命受到威胁。人类有必要清楚地知道自己做了什么以及带来了哪些致命的恶果。

★三　死神的炼金术

杀虫剂的兴起和快速发展，使动物界和非生命界都受到了危害。DDT等氯代烃类杀虫剂和有机磷杀虫剂等，在杀死害虫和杂草的同时，它们的毒性也危及人类的生命，并给环境带来了不可估量的损害。

四　地表水和地下海

地球上的淡水资源严重缺乏，而杀虫剂的滥用却造成了水体污染。地下水和地表水都已被杀虫剂和其他化学物质污染，不仅有毒物质，致癌物质也正在进入公共水源。随着生态链逐渐累积再循环，杀虫剂的危害无处不在。

五　土壤的王国

土壤本身处于无止境的循环之中，这使它总是处于持续变化的状态。虽然生物依赖于土壤，但只有当生命综合体繁荣兴旺

阅读分析

寂静的春天

作者通过大胆的假设，描绘了一个原本充满生机的城镇突然寂静无声的情景，表现出对滥用杀虫剂的担忧。

知识拓展

杀虫剂的分类

现代杀虫剂主要分为两大类。一类就是以著名的DDT为代表的氯代烃；另一类由有机磷杀虫剂构成，以人们较熟悉的马拉息昂和对硫磷为代表。

中考模拟

《寂静的春天》中将现代杀虫剂进行了归类，一类是以著名的________为代表的氯代烃，另一类由________杀虫剂构成。

参考答案：DDT　有机磷

生态控制

在玫瑰花圃中套种金盏花能够有效地消灭威胁玫瑰花生长的线虫。

◆ **阅读感悟**：通过美国中西部和东部采用不同方法的鲜明对比，说明生态控制法具有永久性和不危害环境的多重优越性。

中考模拟

《寂静的春天》一书中，美国曾为防治荷兰榆树病给榆树喷洒了大量的药物，__________在捕食了当地有毒的蚯蚓后大量死亡。

参考答案：知更鸟

◆ **阅读感悟**：滥用杀虫剂间接影响知更鸟的事例，充分说明了作者之前的假设并非毫无理由，人类应当重视滥用杀虫剂带来的危害。

时，土壤才能成为地球的一个充满生机的部分。无节制地使用杀虫剂，破坏了土壤的生物平衡，随着时间的积累，化学药物仍残留在土壤中，然后被植物吸收，使人类的食物来源长期受到污染。只要土壤中有杀虫剂存在，威胁就始终存在。

六　地球的绿披风

水、土壤和由植物构成的大地的绿色斗篷供给着地球上动物生存的世界。滥用灭草剂，不仅使某些物种灭绝，还破坏着整个生态系统。有些植物在人们还没有了解它们是否对土壤起着有益作用的时候，就被残忍地根除了。生态控制方法在消灭那些不需要的植物方面获得了一些惊人的成功。通过仔细研究发现，以植物为食的昆虫可以达到对许多不需要的植物的有效控制的目的，完全可以替代成本高的化学控制方法。同时也让我们思考是否任何文明都能对其他生命发动无情的战争。

★七　不必要的毁灭

化学杀虫剂广泛喷洒在大地上，导致鸟类、哺乳动物、鱼类直接受到危害。美国中西部的六个州为消灭日本甲虫，采用了危险的化学药品艾氏剂和狄氏剂，结果导致其他动物甚至人类的死亡。然而，美国东部各州通过引进寄生性黄蜂和一种细菌性疾病等手段，在不对其他生物造成危害的情况下控制了日本甲虫。通过二者的对比可以看出，对生物造成的这些不必要的毁灭是完全可以避免的。

八　再也没有鸟儿歌唱

人类大量喷洒化学药物，导致生活在同一环境下的其他生物也被毒害，鸟类捕食有毒的昆虫，生命受到了严重的威胁。例如，美国曾为了防治荷兰榆树病给榆树喷洒大量的药物，知更鸟在捕食了当地有毒的蚯蚓后大量死亡。多项实验证明，DDT可能严重地影响了鸟类的生殖能力，使得它们的数量急剧减少。在美国，越来越多地方的鸟儿开始销声匿迹。

九　死亡之河

人类在大规模使用杀虫剂消除病虫害的时候，河流中的水生生物也遭受了这些化学药物的毒害，化学毒药随着雨水和径流从周围的土地进入河流，进入陆地和海洋之间无休无止的水循环中。鱼类对氯代烃异常敏感，而大部分杀虫剂都是由氯代烃组成的，甚至在农业中正常使用农药的情况下，鱼类也会受到大量化学药物的伤害，这可能会威胁到以鱼虾为食的其他物种，包括人类自身。内陆和海洋的渔业是一种非常重要的资源，而现在，这种资源已经遭到进入水体的化学物质的严重威胁。

十　天灾难逃

最开始，人们只是在农田和森林上空小范围地喷洒药物，但这种空中喷洒药物的范围在不断扩大，并且用药量也在不断增加。因为利益驱动，大量喷洒化学药物，非但没能铲除有害生物，反而使其他生物蒙受了毁灭性的灾难。目前，人们倾向于用有效的、节省的小区域控制方式处理虫害问题。

十一　超越博尔吉亚家族的梦想

我们世界的污染不仅仅是因为大规模喷洒药物，还因为人们可以随便在商店里买到化学药物。由于普通居民对杀虫剂的毒性认识浅薄，所以过量使用就造成了难以想象的后果，如提供给公众的食物受到有毒化学物质的污染，导致消费者摄入了毒素。目前，人们仍需要探索非化学方法控制农业虫害问题的可能性，以使这些农药转变为危险较小的农业杀虫剂。

★十二　人类的代价

杀虫剂中的毒素能够储存在脂肪组织中，毒素会影响肝脏的正常功能，两种主要的杀虫剂——氯代烃和有机磷酸盐都能直接影响神经系统，对神经系统的伤害非常大。从侵害神经系统的严重危害来看，杀虫剂最终必然会与精神疾病联系起来。如果我们坚持使用那些直接摧残我们神经系统的化学药物，我们就将继续被迫付出沉重的代价。

十三　通过一扇狭窄的窗户

生命活动的微观世界是细胞的活动，在细胞中，物质转化为能量是一个源源不断的过程，是自然界更新循环的过程，更细微的生命活动是基因的遗传和染色体的分裂。作者运用大量的生

彻底扑灭

为彻底扑灭舞毒蛾，大规模地喷洒了化学药物，致使其他生物蒙受毁灭性灾难。

中考模拟

《寂静的春天》一书中提到人们仍需要探索________方法控制农业虫害问题的可能性。

参考答案：非化学

沉重的代价

滥用杀虫剂与人类精神疾病频发有着密切联系。

◆ **阅读感悟：**我们相信通过不断努力去弄清楚环境致癌的因素，并努力减少它们的伤害，恶性病变是可以被战胜的。

物学知识来论述氯代烃和有机磷酸盐干扰细胞的原理，以及对线粒体和染色体的破坏与致癌作用，极具权威性。

中考模拟

致癌物质一般是通过破坏正常细胞的________作用，剥夺细胞的能量，最终导致细胞的癌化。

参考答案：呼吸

十四　每四个中有一个

一些人造致癌物已成为环境的一部分，这些强大的致癌物很容易击穿人体脆弱的防线。无论是放射性致癌物还是化学致癌物，它们都是通过破坏正常细胞的呼吸作用而剥夺了细胞的能量，最终导致细胞的癌化。要让所有的化学致癌物在现在的世界中或在将来的世界中全部消失的想法是不切实际的，但如果一些非生活必需品的化学致癌物被消灭，那么生命的总负荷将大大减轻。

玉米螟的泛滥

喷洒了狄氏剂的地区非但没有控制住日本甲虫，反而令玉米螟在该地大量繁殖起来。

★十五　大自然的反攻

人类在制订控制昆虫计划时忽略了两个重要的事实：一是真正能够有效控制昆虫的是大自然，而非人类；二是一旦环境的防御作用被削弱了，某些昆虫的繁殖能力就会出现爆发性的增长。由于生物控制的方法不能提供化学工业能够产生的巨大利润，所以只有极少数人致力于研发生物控制方法。

十六　雪崩的轰隆声

在使用化学药物的过程中，适应能力强的昆虫存活了下来，并逐渐产生抗药性，繁衍的后代通过简单的遗传性使其天生就具有了“顽强的抵抗力”。于是人类只能使用毒性更剧烈的杀虫剂，我们仿佛正在走一条危险的不归路。企图依靠杀虫剂来消灭昆虫足以说明我们的知识匮乏和能力欠缺。

◆ **阅读感悟：**化学药物的使用在消灭昆虫的同时也威胁着整个地球，我们确实需要用生物控制方法来代替化学药物，以保持生态平衡。

★十七　另外的路

在对昆虫进行控制的过程中，我们有必要寻求有效的生物控制方法。例如，通过引入昆虫的天敌来控制虫灾。通过使用生物控制方法能够达到长久而有效地控制害虫的目的，只有这样，我们才有希望在昆虫群落和人类之间达成和谐，形成平衡。